# 조치훈

바둑과 살다

점과선

조치훈
바둑과 살다

조치훈
(대담 · 인터뷰 다나카 사토시)

이수정 옮김

점과선

**일러두기**

1. 인명
- 일본인명과 중국인명 표기는 '국립국어원 외래어 표기법'을 따릅니다.
- 이름이 처음 등장할 때는 전체 이름과 한자를 표기하고,〈예: 사카다 에이오(坂田榮男)〉 이후에는 '성(姓)'만 표기합니다. 〈예: 사카다 에이오 → 사카다〉
- 단, 원문에서 저자 및 인터뷰어가 따로 이름을 표기하거나 부르는 경우는 원서를 따릅니다. 〈예: 고바야시 고이치 → 고이치〉
- 후지사와 히데유키 9단의 경우 오랫동안 '후지사와 슈코'로 불려 왔으므로 전체 이름은 익숙한 이름인 '후지사와 슈코'로 표기하되, 원서에서 이름으로 지칭하는 경우에는 성(姓)인 '후지사와'로 표기합니다.
- 중국인명의 경우 오랫동안 한국의 한자음으로 불려 온 점을 고려하여 본문에 처음 등장 시에만 전체 이름과 한자를 같이 표기합니다. 〈예: 오청원 → 우칭위안(吳淸源)〉

2. 타이틀명
- 일본, 중국 및 국제 기전의 타이틀명은 한자음 그대로 표기합니다. 〈예: 阿含·桐山杯 → 아함동산배〉
- 한자는 다르나 한국어 발음이 같은 '기성(棋聖)'과 '기성(碁聖)'의 경우, 전자는 '기성'으로 표기하고, 후자는 한자를 병기하여 '기성(碁聖)'으로 표기합니다. 단, 두 타이틀이 같이 언급되는 경우는 모두 한자를 병기합니다. 〈예: 기성(棋聖)·명인·기성(碁聖)의 3관〉

3. 기타
- 이 책에 등장하는 인물의 연령, 단위, 직함, 시대적 상황은 원서 출간일인 2022년 10월 1일을 기준으로 하며, 특정 시점이 기준일 경우에는 별도로 명시합니다. 〈예: 린하이펑 (당시 6단)〉
- 대담자 다나카 사토시의 본문 각주는 '(다나카 사토시)'로 표기했으며, 그 외의 모든 각주는 옮긴이주입니다.

## 들어가며

일본에 너무 어린 나이에 왔던 것이 아닐까?

지금까지의 여정을 돌아볼 때마다 그런 생각이 듭니다.

고작 여섯 살에 기타니 도장에 들어갔을 때, 나는 정말 어린 꼬마였습니다. 근처 기원에서는 지는 법을 모를 정도였지만, '정말 강한 사람'과는 두어 본 적이 없었습니다. 시골에서 조금 센 아이가 '세계에서 바둑이 가장 강한 나라'로, 그것도 '천재 중의 천재'들이 모이는 곳에 들어간 것이지요.

골프로 비유하자면, 아무리 타이거 우즈가 천재라고 해도 세 살 무렵 골프를 막 익히자마자 기초 훈련 없이 오자키 마사시 선생의 '점보 군단'에 던져진다면, 분명 기가 죽고 말겠지요. 보통 주니어 스쿨에서 수업을 받거나 코치 선생님께 몇 년간 기초 과정을 밟은 후에 그런 대단한 곳에 들어가야 합니다.

하지만 나에게는 그런 과정이 빠져 있었습니다.

아무런 예비지식도 없이 기타니 도장에 들어간 것이 나의 기풍과 인격 형성에 큰 영향을 미쳤다고 생각합니다. 매사에 자신이 없고, 무슨 일이든 비관적으로 생각하며 낙오자라는 기분에 휩싸이고…. 적어도 3년은 더 있다가 일본에 왔어야 하지 않았을까 싶습니다.

바둑을 두어도 넓게 큰 모양을 펼치며 여유 있게 두는 바둑을 도무지 둘 수가 없었습니다. 상대는 가토 마사오加藤正夫 선배, 이시다 요시오石田芳夫 선배와 같은 쟁쟁한 분들이었으니까요. 간단하게 잡을 수 있는 돌도 모두 살려주고 말았지요. 나는 정말 바둑을 잘 두는 걸까? 내가 두고 있는 바둑이 맞는 걸까? 결국 그런 확신을 갖지 못한 채 프로기사가 되었던 것 같습니다.

최다 타이틀 획득, 대삼관* 달성 등 숫자와 기록으로만 보면 확실히 내 인생은 화려해 보입니다. 하지만 "나는 대단해"라고 당당하게 말하긴 힘듭니다. 바둑의 내용은 사카다 에이오坂田榮男 선생에게 한참 못 미치고 이야마 유타井山裕太 9단과도 비교가 되지 않습니다. 100년, 200년 후 바둑계에서는 내 바둑을 어떻게 평가할까, 그런 생각이 듭니다. 주변에서는 "무슨 사치스러운 소리야. 충분히 행복한 인생이잖아"라고 할 수도 있겠지요.

바둑이라는 것은 그런 생각을 계속해서 들게 할 정도로 어렵습니다. 결코 단순한 게임이 아닙니다. 자주 생각해요, 인간은 정말 대단하다고.

우리는 평소 자동차를 운전하거나 집에서 스위치를 눌러 불을 켜지만, 전기가 어떻게 만들어지는지 자동차가 어떤 원리로 어떻게 달

---

* 기성·명인·본인방 타이틀을 동시에 보유하는 것.

리는지 잘 모릅니다. 그런 대단한 것을 만들어낸 사람은 천재라고 생각합니다. 바둑 또한 그런 천재 중 한 사람이 만들어낸 것이며, 더 나아가 인간의 지혜가 가득 담긴 것이라고 생각합니다.

나는 바둑기사가 된 덕분에 보통 사람들이 볼 수 없는 세계를 많이 접할 수 있었습니다. 한일 관계의 변화, 한국과 중국 바둑의 부상, AI(인공지능)의 발전에 의한 패러다임의 전환…. 그렇게 생각해 보면 여섯 살에 일본에 온 것이 운명일지도 모르고, 그 운명에 감사해야 할 것 같습니다. 바둑이 없었다면 지금의 나는 존재하지 않았을 겁니다.

인간은 굉장히 똑똑하지만, 한편으로는 굉장히 어리석습니다. 60년 가까이 기사 생활을 하면서 가장 깊이 느낀 점입니다. 아무것도 아닌 일에 감동할 때도 있고, 아주 사소한 일에 화를 내기도 하지요. 침착하게 하면 쉽게 할 수 있는 일도 어쩐지 계속 실패하기도 하고요.

바둑이라는 것은 그런 지혜와 어리석음을 그대로 구체적인 형태로 보여줍니다. 현명하면서도 어리석은 인간, 그리고 그 인간들이 창조해낸 세계. 그 속에서 내가 느껴온 것을 지금부터 여러분께 하나씩 들려드리려 합니다.

2022년 10월 조치훈

**이 책은**《요미우리신문》에서 2020년 12월 9일부터 2021년 1월 21일까지 총 28회에 걸쳐 연재된 '시대의 증언자, 바둑과 함께 살아온 조치훈'의 기사를 엮은 것입니다.

　책으로 펴내는 과정에서 추가 대담과 인터뷰를 진행했으며, 인터뷰 진행은 요미우리신문사 도쿄 본사 전문위원이신 다나카 사토시 님께서 맡아주셨습니다. 아울러 다나카 위원님께서는 기보 해설의 취재와 구성에도 많은 도움을 주셨습니다. 요미우리신문사와 다나카 님께 이 자리를 빌려 깊은 감사의 말씀을 드립니다.

2022년 10월 일본기원

# 차례

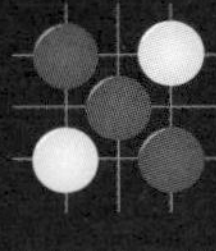

# 제1장

## 원점

기타니 도장에서 느낀 것

## 스님의 조언으로 개명

1956년 6월, 나는 부산에서 태어났습니다. 아버지 조남석, 어머니 김옥순의 4남 3녀 7남매의 일곱째였습니다. 사실 동생이 있었지만 어렸을 때 세상을 떠났기 때문에 나는 거의 막내 같은 느낌이었습니다. 태어난 곳은 부산이지만 서울에서 자랐습니다.

정확한 사정은 모르지만, 친할아버지는 지방은행의 지점장을 지낸 상당한 자산가였던 모양입니다. 외가 또한 명문가여서 어머니는 '온실 속의 화초'처럼 자랐다고 들었습니다.

아버지는 3형제 중에 차남으로, 할아버지의 가업은 큰아버지가 물려받았습니다. 아버지도 상당한 재산을 상속받았을 텐데도, 내가 태어났을 때는 이미 집안 형편이 아주 어려워진 상태였습니다. 열다섯 살 터울의 큰형(조상연, 일본기원 7단)이 어릴 때는 지대와 집세가 그런대로 들어와서 어느 정도 부유했던 것 같습니다만 한국전쟁이 시작되고 재산을 노리는 세력이 생기자 아버지는 모든 것을 버리고 부산으로 피난했습니다. 되돌아보면 나는 아버지가 일하는 모습을 본 적이 없습니다. 아주 잠깐 철도회사에 다닌 적이 있는 것 정도로, 지금 생각해 보면 도대체 어떻게 생계를 꾸렸는지 의문이 들 정도입니다.

아버지는 바둑 실력이 세지는 않았지만 아주 좋아했습니다. 사회적 지위가 있는 사람들 사이에서 바둑을 취미로 즐기는 것은 한국에서도 오래전부터 있던 문화이기 때문에 아마 젊은 시절에 배웠던 것이겠지요. 아버지의 동생, 나에게는 숙부인 조남철(1923~2006) 9단은 한국 바둑계의 전설입니다. 태평양전쟁 전인 1937년, 기타니(기타니 미노루木谷實 9단) 선생 도장에 입문해 1941년 한국인 최초로 일본기원의 프로기사가 되었습니다. 한국전쟁 후에는 국수전에서 9연패를 하는 등, 1950~60년대 한국 바둑계의 독보적인 존재였습니다. 한국기원의 전신인 한성기원을 설립하는 등 현대 바둑의 기틀을 닦았고, 2019년에는 일본기원 바둑 명예의 전당에 헌액되었습니다.

아버지는 나뿐만 아니라 형들에게도 바둑을 가르쳤습니다. 심심풀이 삼아 가르치신 게 아닐까 싶습니다. 큰형은 물론 둘째 형 조기연도 아마추어 강자였는데, 일본에서 쇼와약학대학에 다니던 1975년 '학생 바둑10걸전'에서 1위를 차지한 바 있습니다.

이 대목에서 '어라?' 하고 의아해하는 분도 계시겠네요. 예전 한국에서는 형제끼리 같은 한자를 써서 이름을 짓는 경우가 보통이었으니까요. 사실 나도 태어났을 때는 '연衍'이라는 글자를 항렬로 써서 '풍연'이었다고 합니다.

그런데 한 살인지 두 살인지, 아무튼 어렸을 때 밖에서 누나와 놀던 나를 지나가던 젊은 스님이 보더니 "이름을 바꾸는 편이 좋겠다"고 했답니다. "풍연은 좋지 않다. 이름을 바꾸면 이 아이는 출세할 것이다"라고 해서 '치훈'이라는 이름으로 바뀐 것입니다.

이러한 사정을 모르는 사람들은 형제들의 이름과 내 이름을 비교하며 이상하게 생각했습니다. '어디서 양자로 데려온 것이 아닐까'

하고요. 치훈이라는 이름은 일본 발음으로 하면 '치쿤'이 되는데, 기타니 도장에 온 여섯 살 무렵부터 '치쿤, 치쿤'이라고 불리며 자랐습니다. 그래서 '치쿤'이라는 호칭에는 애착이 있고 오타케(오타케 히데오大竹英雄 9단) 선생이나 이시다 씨 같은 기타니 도장 선배들이 부를 때면, 도장에서 수련하던 소년 시절로 돌아간 듯한 기분이 듭니다.

내가 바둑을 배운 것은 네 살 무렵이라고 들었습니다. 형들과 마찬가지로 아버지께 배웠겠지요. 아버지와 함께였는지 형과 함께였는지는 모르겠지만 바둑을 배우고 얼마 지나지 않아 동네 기원에 다니게 되었다고 합니다. 당시에는 기력이 강한 사람도 거의 없었을 거예요. 이웃집 아저씨나 할아버지를 상대로 이기면서 '천재'라는 소리를 들으며 1년 정도 지나 아마 5단 수준이 되었습니다. 그리고 얼마 지나지 않아 기타니 도장 입문 이야기가 나왔습니다.

## 일본행은 형의 뜻에서

"일본에 가보지 않을래?"라고 말을 꺼낸 사람은 큰형이었습니다. 한국 바둑계에서 활약하고 있던 형이었지만 조남철 숙부는 도저히 이길 수 없었습니다. 더 강해지기 위해 형은 1961년에 일본으로 건너가 기타니 선생 문하로 들어가게 되었습니다.

하지만 형은 일본에 가서 실력 차이를 실감하였습니다. 당시 일본 바둑계는 단연 세계 최고의 수준이었죠. 숙부보다 훨씬 강한 기사들이 많았습니다. 형은 똑똑한 사람이라서 '내가 지금부터 아무리 공부해도 따라잡을 수 있는 수준이 아니다'라고 깨닫고 집에 편지를 썼습니다.

"전 이미 늦었어요. 하지만 치훈이라면 아직 늦지 않았을지도 몰라요. 일본으로 보내서 가르쳐야 합니다."

부모님은 처음엔 크게 반대했지만, 형의 끈질긴 설득에 결국 허락하셨습니다. 우리 집은 가난했기 때문에 '입 하나 줄이자'는 마음도 있었을 거예요. 형 역시 생활에 여유가 있는 것은 아니었지만, 후원자가 있어 생계는 유지할 수 있었으니까요. 지금은 "목욕탕 다녀올게" 하는 수준으로 한국과 일본을 가볍게 오갈 수 있지만, 당시에는 나 하나 일본에 데려오는 것만으로도 굉장히 큰일이었을 겁니다. 그것을 실현시킬 수 있었던 것은 오직 형의 열정 덕분입니다.

솔직히 말해서 나는 그때 일을 거의 기억하지 못합니다. 나중에 다른 사람들이 '그랬다'라고 말해주면, '그랬구나' 하고 생각할 뿐이죠. 뭐, 일본에 가는 것에 거부감이 없었던 것인지, 아버지와 형에게 유학 이야기를 듣고 바로 "갈게요"라고 대답했다고 합니다. 단 한 가지 기억나는 것은 일본에 오기 전에 매운 한국음식을 배불리 먹었던 일입니다. 그리고 1962년 8월 1일, 나는 하네다 공항에 내렸습니다.


## 서울에서 온 천재 소년

기타니 선생님과 어머님(기타니 선생님의 부인 미하루 여사)이 마중 나온 사진이 남아있습니다. 도착 다음 날인 8월 2일, 도쿄 오테마치 산케이 홀에서 열린 '기타니 문하 100단 돌파 기념 대회'는 내 인생에 처음으로 맞이한 큰 이벤트였습니다. 기타니 선생님의 제자들

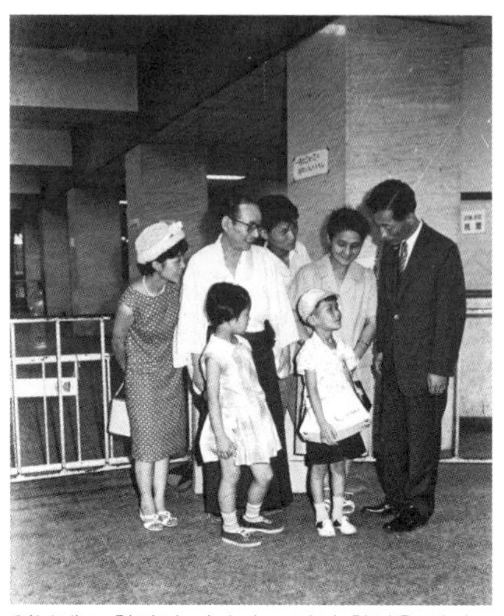
일본에 도착하여 기타니 도장의 환영을 받다.

이 프로로서 획득한 단위段位의 합계가 100단이 넘은 것을 축하하는 자리였습니다. 그날의 특별행사로, 여섯 살이던 나와 린하이펑林海峰 (당시 6단) 선생의 5점 대국이 진행되었습니다. 여기서 기타니 도장과 린하이펑 선생 (1942~)에 대해 조금 이야기하겠습니다.

우칭위안吳淸源 선생과 함께 쇼와 시대(1926~1989) 바둑계를 이끌었던 기타니 선생님이 처음으로 제자를 받은 것은 1933년이었습니다. 1937년에는 가나가와현 히라쓰카시에 있는 자택에 기사 양성을 위한 '히라쓰카 기타니 도장'을 열었습니다. 1962년에는 도장을 도쿄 요쓰야로 옮겼고, 기타니 선생님이 세 차례의 뇌출혈을 겪은 후 1974년 6월 3일 도장이 폐쇄될 때까지 50명 이상의 기사를 길러냈습니다.

린 선생은 대만 바둑계의 전설입니다. 상하이에서 태어났지만 네 살 이후에는 대만에서 자랐고, 열 살 때 우칭위안 선생에게 재능을 인정받아 일본에 건너와 열두 살에 입단했습니다. 1965년에 당시 최연소인 스물세 살의 나이로 사카다 선생에게서 명인을 빼앗은 것은 쇼와 바둑사에 남을 대기록입니다. 이후 오랜 세월 동안 최일선에서 활약하며 역대 9위인 35개의 타이틀을 획득했습니다. 장쉬張栩 9단과 린한제林漢傑 8단은 그의 제자입니다.

일본에 온 다음 날 공개대국에서 화려하게 데뷔, 린하이펑 프로에게 5점을 놓고 완승을 거두다.

'서울에서 온 천재 소년'.

당시 신문들은 나의 일본행을 그렇게 보도했습니다. 그 천재가 과연 어느 정도의 실력인지 주위 사람들이 모두 흥미진진하게 지켜보던 차에 진행된 대국이었으니 관심이 클 수밖에 없었겠지요. 정작 나는 그런 상황도 전혀 모르고 그냥 시키는 대로 바둑을 두었을 뿐이지만요. 당시 사진을 보면, 나는 바둑판 앞에서 팔짱을 끼고 생각에 잠겨 있습니다. 이것은 바둑을 둘 때 손이 빨리 나오는 내가 실수하지 않도록 큰형이 해준 조언 때문이었다고 합니다. 급하게 돌을 놓지 말고 한 호흡 쉬었다가 생각하고 두라는 뜻이었겠죠.

그때의 바둑은 지금의 내가 봐도 참 잘 두었습니다. 자세한 것은 나중에 제자인 마쓰모토의 해설을 참고하시기 바랍니다만, 우변의 한 점을 버리고 외세를 쌓은 뒤 큰 자리로 돌이 향했습니다. 뭐, 이벤트성 대국이니까 린 선생도 그렇게 치열하게 둔 것 같지는 않지만

'프로가 봐도 손색없는' 바둑이 되었습니다. 천재 소년이 평판대로의 실력을 보여주자 가장 기뻐한 사람은 기타니 선생님이었습니다.

"이 정도면 열 살 이전에 입단하겠다."

그때는 가벼운 마음으로 주변에 얘기하셨을 테지만, 그 말이 두고 두고 나에게는 무거운 짐이 되었습니다.


## 기억이 없는 것은 마음이 무너졌기 때문일까?

기타니 도장에서 내제자 생활을 시작한 나는 곧바로 문화 충격을 받았습니다. 가토, 이시다, 사토 마사하루佐藤昌晴, 히사지마 구니오久島国夫 등 주변 도장 선배들의 실력이 너무 강했기 때문입니다.

한국에 있을 때는 동네 기원에서 아저씨, 할아버지를 상대로 연전 연승을 거두며 조금은 자신이 있었는데, 몇 점을 놓고 두어도 바둑이 되지 않았습니다. 심지어 이시다 선배에게는 9점을 놓고도 지고 나니 자괴감이 밀려왔습니다.

"나는 도대체 무엇인가."

"무엇을 위해 일본까지 온 것인가."

그때 내 마음이 무너져버렸던 것이 아닐까, 이제 와서 보면 그런 생각이 듭니다. 왜냐하면 그 이후로 열 살 무렵까지 도장에서 대체 무얼 했던 것인지 전혀 기억나지 않기 때문입니다. 마음이 무너진 채 공부도 하지 않고 그냥 놀기만 했습니다. 강력한 선배들을 만나 코가 납작해진 내가 바둑에서도 인생에서도 '비관파'가 된 이유가 여기에 있는 것 같습니다.

# 기타니 문하 100단 돌파 기념 공개대국 (1962년 8월 2일)

● (5점) 조치훈      ○ 린하이펑 6단

**총보** (1~118)

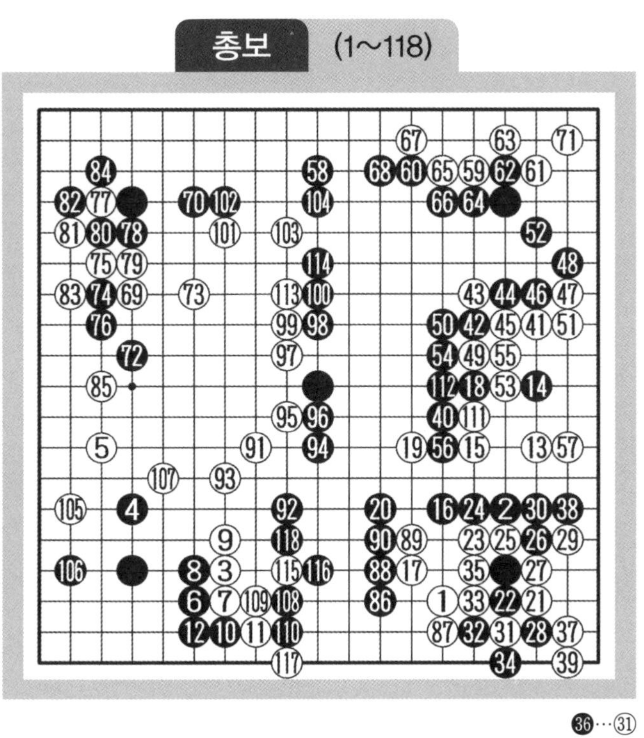



### 일본 데뷔전

"내 바둑이긴 합니다만, 우하귀와 우변 처리 방식을 보니 기재가 느껴집니다. 여섯 살 아이가 이 정도로 둘 수 있다면, '열 살까지 프로 입단'이라던 기타니 선생님의 기대도 이해가 갑니다. 지금 생각해 보면 당시 실력에 비해 '정말 잘 둔' 바둑이라고 생각되지만요."

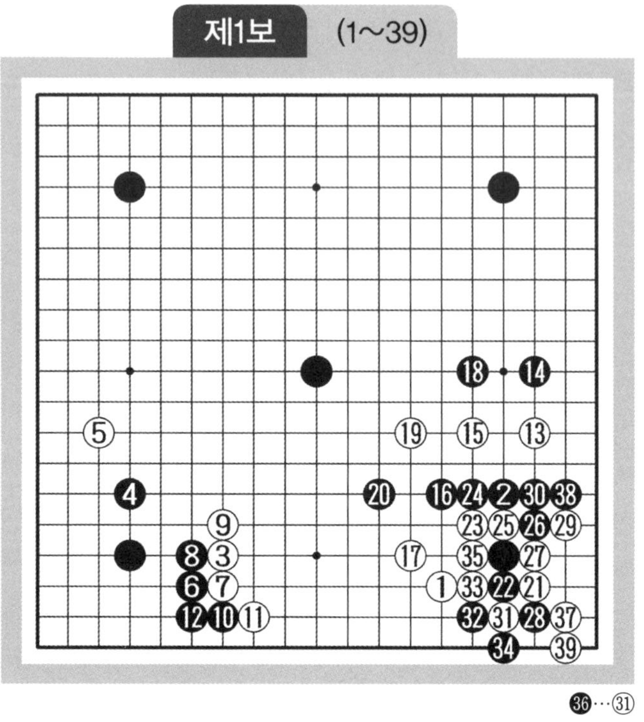



## 웅장한 스케일

조치훈 명예명인의 '추억의 10국' 가운데, 1국부터 5국까지의 해설은 마쓰모토 다케히사松本武久 8단에게 부탁했다.

1국은 린하이펑 6단과의 5점 접바둑으로, 일본에 온 다음 날 빅 이벤트로 갑자기 성사된 공개대국이었다. 스승인 기타니 선생님의 기대가 얼마나 컸는지 잘 알 수 있다.

좌하귀 백3의 두 칸 걸침에 흑4의 한 칸으로 받은 장면에서 백5는 준비된 수법이었다. 흑6~12는 "교과서에는 없는 수법"이라고 마쓰모토 8단은 말하지만, 실리를 챙기면서도 두텁게 싸우려는 의도가 느껴진다. "여섯 살짜리 아이가 스스로 생각했다면 훌륭하다"고 마쓰모토 8단은 평했다.

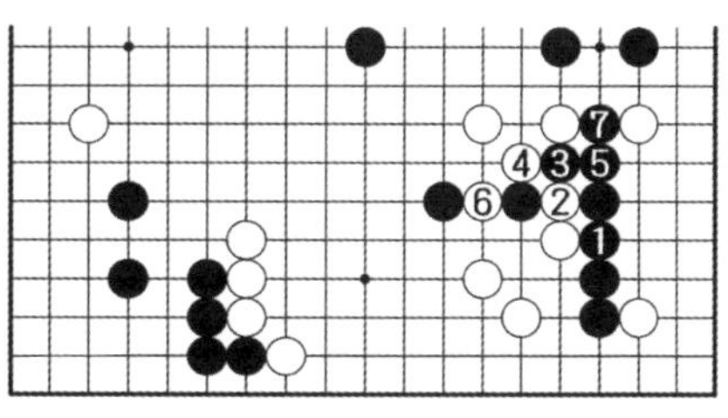

1도

우하귀에서도 백은 13으로 협공하며 국면을 흔들어 간다. 백21의 3·3 침입에 이어 백23의 들여다보는 수가 노련한 흔들기였다. 린 6단

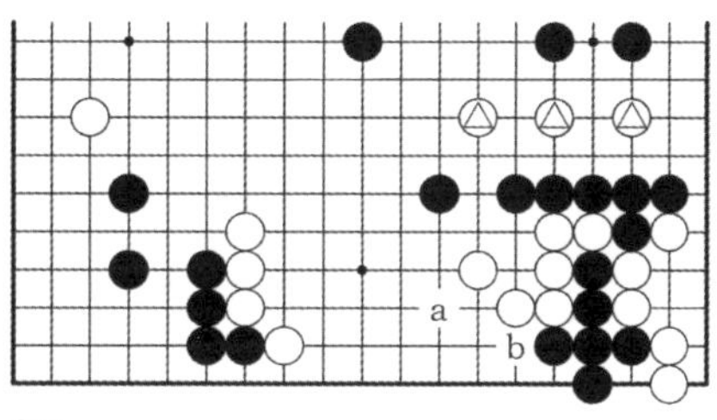

2도

은 즉시 소년의 실력을 시험해 보려 했다.

흑24는 제일감으로는 1도 흑1처럼 이어 두고 싶은 곳으로, 흑7까지 우변의 실리를 차지하면 "상당한 성과"라고 마쓰모토 8단은 말했다. 하지만 소년 조치훈은 흑24·26을 두고, 이어 28로 젖혔다. 이하 백 39까지는 "이렇게 될 자리"라고 마쓰모토 8단은 설명했다.

그 결과 흑은 우하귀를 버리는 대신 우변에 철벽을 쌓았다. 일단락된 모양이 2도인데, 1도와 비교해 보자. 1도에서는 흑이 우변의 실리를 차지한 대가로 백의 하변 모양도 커질 것 같다. 하지만 2도에서 보면 흑a에 대해 백b로 받는 것이 절대 선수이므로, 백 하변은 아직 집이라고 할 수 없다. 백△ 세 점도 거의 움직일 수 없는 폐석에 가깝다. "프로가 보면 '이 아이 제법 두네'라고 모두가 생각할 겁니다." 마쓰모토 8단의 평가다. 린 6단의 '실력 테스트'에 소년 조치훈은 기대 이상의 답을 내놓은 셈이다.

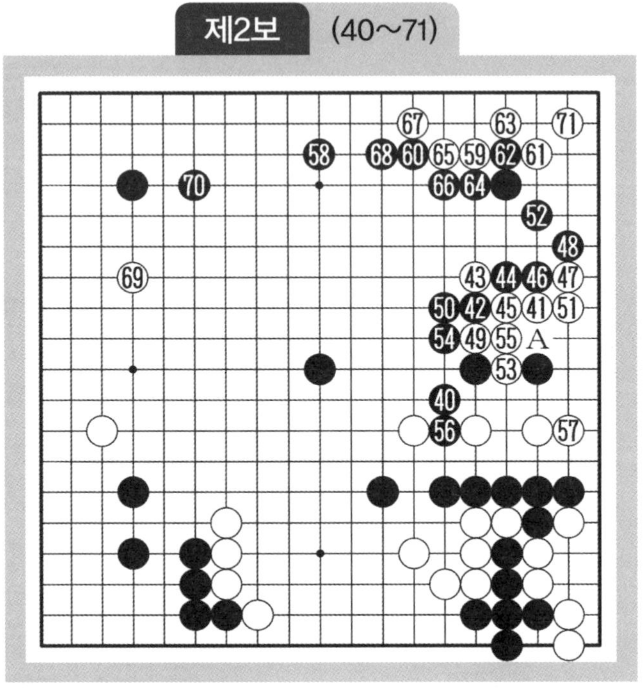



## 좋은 흐름 속에 놓친 한 수

흑40으로 들여다본 수에 백은 세 점을 움직이기 어렵다고 판단하고, 41로 방향을 바꿨다. 흑은 42로 당당하게 싸우는 자세를 취했다. 백43으로 붙이는 수에 흑은 44로 젖히고 46으로 막아, 이후 백57까지 진행되는 과정에서도 흑은 한 점을 버리고 세력을 쌓았다. 마쓰모토 8단은 이것도 "우하귀에 이어 장래를 크게 기대하게 하는 수법"이라고 높이 평가했다.

흑42로는 A의 자리에 치받아 백45와 교환해 두었다면 우변의 한

점을 희생하지 않을 수 있었
으나 실전 쪽이 훨씬 스케일
이 크다는 평가였다.

흑58로 절호점을 차지하며
좋은 흐름을 이어갔다.

우상귀에서 상변에 걸친
모양이 이대로 실리로 굳어
져서는 안 된다. 백은 59로
침입했다. 흑은 60으로 측면
에서 압박했지만 "여기서는
3도 흑1로 막아서 귀를 지

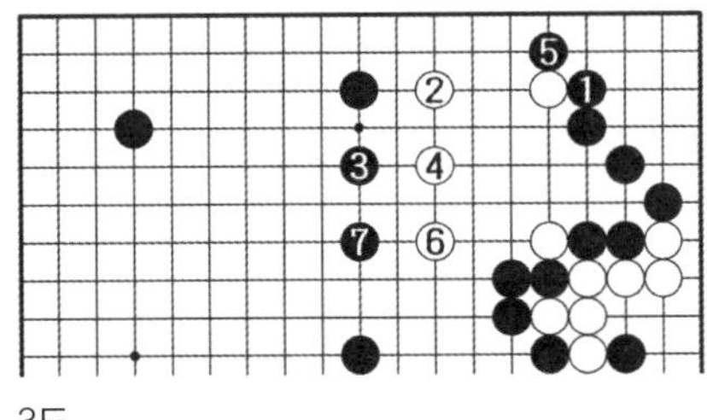

3도

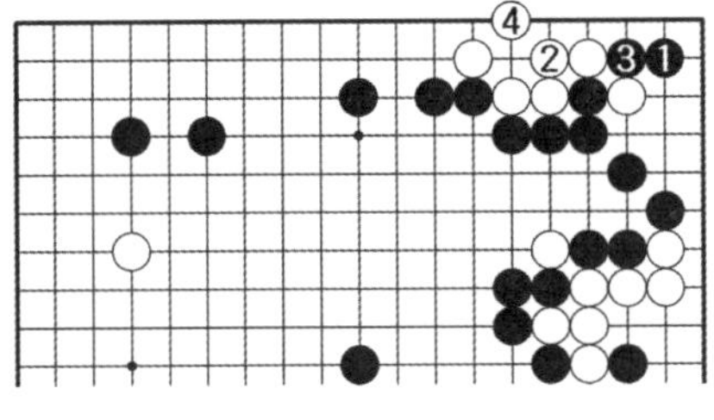

4도

켜두고 흑7까지 근거를 빼앗아 공격하는 편이 알기 쉬웠습니다"라고
마쓰모토 8단은 말했다.

백은 61로 3·3에 들어가 우상귀에서 삶을 도모한다. 흑62~68까지
는 흑이 잘 처리한 모양이다. 여기서 백은 69로 좌상에 걸쳤고, 흑은
70의 한 칸으로 받았으나 "약간 백의 주문대로 진행되었다"고 마쓰
모토 8단은 평했다. 여기서는 우상귀에 흑의 강력한 수단이 남아있
었다. 4도 흑1로 들여다보는 수가 그것인데, 마쓰모토 8단의 설명을
들어보자. "백은 살기 위해서는 2로 이을 수밖에 없을 때 흑3으로 끊
으면 백4로 굴복시킬 수 있었습니다." 백은 흑70으로 받게 한 뒤 유
유히 71로 손을 돌렸는데 그냥 백71로 두는 것과 비교하면 흑은 확
실히 당한 모양이다. 소년 조치훈은 결정적인 기회를 놓친 셈이 되었
다. 그렇지만 여섯 살짜리 아이에게 모두 백 점짜리 수를 두길 원하
는 것은 무리다. 바둑은 여전히 흑의 좋은 흐름이다.

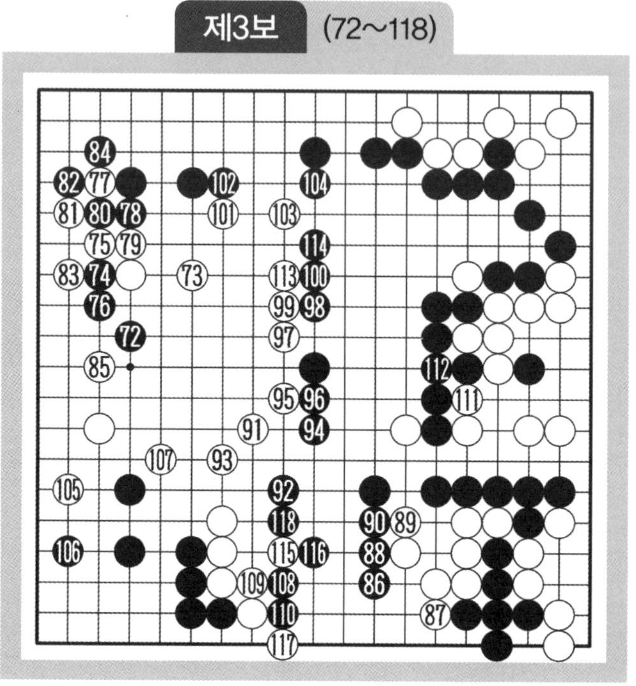

118수 끝, 흑 불계승

## 재능을 보여주며 쾌승

흑72로 뛰어들자 전장은 좌변으로 넘어갔다. 백73으로 한 칸 뛰었을 때 흑74로 붙인 수가 흐름에서 벗어난 선택이었다. 백77의 붙임이 당연하게도 수습의 좋은 수였다.

"5도 흑1로 뛰어나가는 진행이 좋았습니다. 백2, 흑3이 되면 분명히 실전보다 낫습니다"라고 마쓰모토 8단은 말했다. 백83까지 한 점을 희생해서 좌변을 갈랐다. 백85로 급소에 와서는 조금 분위기가 심상치 않아졌다.

"여기서 좌변을 일단 보류하고, 흑86으로 하변으로 향한 것이 좋은 판단이었습니다." 아마추어라면 6도 흑1로 두고 싶은 곳이지만, "백2·4로 씌워올 것 같습니다. 5점의 실력 차를 고려하면 꽤 까다로울 수 있습니다."

흑86은 이전부터 준비해 두었던 유력한 노림수였다. 흑90까지 하변을 갈라서 좌

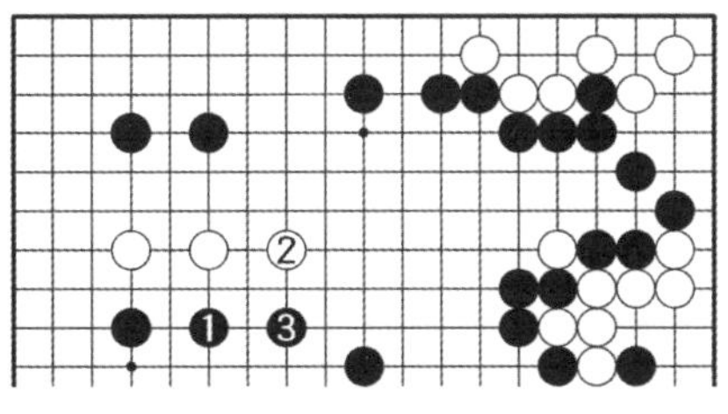

5도

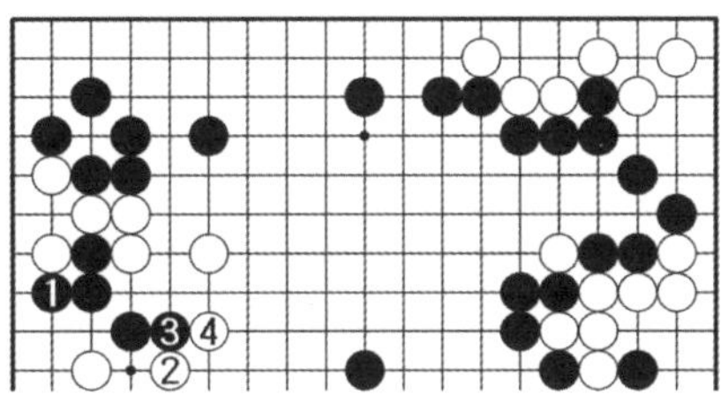

6도

하 백 일단의 근거를 빼앗는다. 백91로 도망가자 흑92·94로 추격하고, 백95·97에는 흑98로 좌변을 버리면서 중앙을 에워싼다. "이 정도면 충분하다고 보고 있는 것 같습니다. 훌륭한 형세판단입니다." 마쓰모토 8단의 평이다. 흑이 우세해졌다. 이후 118수까지 진행된 뒤 린 6단이 돌을 거뒀다.

"사소한 것에 구애받지 않고 돌을 버리고 세력을 택했던 우하귀와 우변, 그리고 국면의 혼란을 피하고 깔끔하게 좌변을 버리고 둔 판단까지, 소년 조치훈의 '밝은 기풍'이 돋보였던 한 판이었습니다."

## 내제자 생활

내가 기타니 문하에 들어갔을 당시, 도장은 도쿄 요쓰야에 있었습니다. 기타니 선생님은 첫 번째 뇌출혈을 겪으신 뒤에는 말수도 적어지고 제자들에게 직접 지도를 하는 일도 거의 없었지만, 바둑에 대한 열정은 절실히 느껴졌습니다. 제자들이 연습 바둑을 두는 모습을 말없이 뒤에서 지켜보곤 하셨지요. 그저 그 자리에 계시는 것만으로도 바둑에 대한 애정과 제자들에 대한 마음이 전해졌습니다. 생활 전반을 돌보는 일은 미하루 어머니가 맡아주셨습니다. 두 분이 한마음으로 도장을 운영하신 것이죠. 열 살도 안 된 나부터 스무 살 가까운 이시다, 가토 선배까지 열 명의 남자아이들이 내제자로 있었으니 하루하루가 힘드셨을 겁니다.

한밤중까지 큰 소리로 떠들며 소란을 피우기도 하고, 누군가 장난을 치다 뭔가를 부수기도 했습니다. 그런 일이 일어나면 '전원 집합'입니다. 생활 태도부터 공부 방법까지, 한 시간이고 두 시간이고 어머니께 '설교'를 들어야 했습니다. 그건 나에게는 조금 힘든 일이었습니다. 어머니는 기타니 선생님을 정말 극진히 모셨는데, 그 지극한 정성이 나에겐 때로 고충이 되기도 했습니다.

왜냐하면 도장의 밥이 너무나 싱거웠기 때문입니다. 기타니 선생님이 뇌출혈로 쓰러지신 뒤였기에, 어머니는 선생님의 건강을 위해 저염식을 준비하셨던 것이지요. 밥도 늘 현미밥이나 잡곡밥이었고요. 그러니 나 같은 어린아이에게는 좀 부족한 맛이었습니다. 가끔 선생님의 여동생이나 따님인 레이코* 씨가 오셔서 밥을 해주실 때가 있었는데, 그럴 때는 '저염식' 같은 건 신경 쓰지 않으니 간이 진했습니다.

나는 '아, 맛있다'라고 생각하며 먹곤 했습니다. '항상 이렇게만 나오면 좋을 텐데' 하고 말이지요. 뭐, 지금 생각해 보면 어머니의 입장과 마음도 알기에 그런 철없는 생각을 했던 것이 죄송스럽기도 합니다.

그 당시 내제자로 누가 있었냐고요? 먼저 이시다, 가토, 사토, 히사지마, 이노우에 구니오井上国夫 선배가 있었습니다. 거기에 나와 고바야시 고이치小林光一 씨가 있었고, 소노다 야스타카園田泰隆 군, 노부타시게히토信田成仁 군, 아사노 히데아키浅野英昭 씨 정도였을까요. 고바야시 사토루小林覺 군은 그 무렵에는 아직 어린아이였던 것 같습니다.

아사노 씨는 자주 벽장에서 잠을 자곤 했습니다. 선생님 댁은 1층과 2층이 있었는데, 2층의 여섯 장 다다미(일본식 돗자리-옮긴이) 방에 제자들은 세 명씩 잠을 잤습니다. 안쪽에는 선생님과 어머니의 방이 있었고요. 선생님께는 일곱 명의 자녀가 있었는데, 자녀들은 1층 방에서 생활했습니다. 아사노 씨는 열일곱 살까지 아마추어였는데 주변에서 '그 나이면 프로 입단은 무리'라고 했지만, 기타니 선생님이 제자로 받아주셨습니다. 그래서 "선생님께 항상 감사하는 마음"이라고 나중에 술자리에서 자주 말하곤 했습니다. 2020년에 세상을 떠나셨는데, 도장 선후배 중 가장 친하게 지냈던 사이였습니다.

내제자 외에도 항상 10명 정도가 '통학 제자'로 있었습니다. 다케미야 마사키 씨가 그랬지요. 사토 9단과 결혼한 이노우에 마치코 씨, 역시 기타니 문하 선배인 이시구레 이쿠로 씨와 결혼한 오시로 마키코 씨, 그리고 오가와 도모코 씨 등 여류 기사들도 있었습니다. 고바야시 치즈小林千寿 씨는 내제자였던 것으로 기억합니다.

---

* 고바야시 레이코(小林禮子) 7단 : 기타니 선생의 셋째 딸로, 고바야시 명예기성의 부인. 2004년 작고.

기타니 도장의 공부 풍경.

이노우에 씨, 오시로 씨, 오가와 씨는 기타니 도장의 '세 자매'라고 불렸습니다. 세 사람 모두 저마다 다른 매력을 가진 멋진 누님들이었지요. 오시로 씨는 청초한 느낌, 오가와 씨는 그야말로 '연예인' 같은 분위기, 마치코 씨는 '인심 좋은 안주인' 같은 인상이었습니다.

도장 인원은 모두 합쳐 스무 명 정도였고, 도우미나 소노다 씨의 누나처럼 도장 일을 돕기 위해 오는 원생 가족들도 있었기에 요쓰야 도장은 늘 북적였습니다. 기타니 선생님은 방임주의라 '이거 해라, 저거 해라' 같은 규칙을 만들지 않고 무엇을 할지는 제자들의 자율에 맡기셨기 때문에 더 시끌벅적했던지도 모릅니다. 이제 와 생각해 보면, 여덟 살 무렵부터라도 나를 더 엄하게 꾸짖어주셨다면 좋았을 것 같다는 생각도 듭니다만….

강한 사람은 강한 사람끼리 두고, 그다지 강하지 않은 사람은 비슷한 사람끼리 두었습니다. 나 같은 경우는 가끔 '치훈이나 한 수 가르쳐 줄까' 하는 정도로 사람들이 대하고는 했죠.

공부를 열심히 하는 아이들은 강한 사람들끼리 두는 바둑을 옆에서 가만히 지켜보곤 했습니다. 고이치 씨가 그런 타입이었죠. 1965년에 도장에 들어온 고이치 씨는 나보다 네 살 연상이었는데, "입문했을 때는 치훈 씨가 더 강해서 충격이었다"고 이야기했지만 나는 기억이 나지 않습니다. 공부벌레였던 고이치 씨였으니 금방 나를 따라잡았겠지요. 실제로 고이치 씨는 나보다 1년 먼저 입단했습니다.

그렇게 모두가 열심히 공부하고 있을 때, 나는 칼싸움 놀이를 하거나 장난감 권총을 들고 마당을 뛰어다니곤 했습니다. 일본어도 큰 어려움 없이 곧잘 하게 되었고요. 잘 기억나지 않지만, 꽤 장난꾸러기였던 것 같습니다. 대체로 장난의 표적이 되는 것은 오가와 씨 같은 도장 누나들이었습니다. 짐을 창문 밖으로 던지거나 벽장에서 꺼낸 베개를 휘두르기도 했습니다. 기력도 그녀들보다 내가 더 강했기에 누나들을 바둑판 위에서 이기며 강한 선배들에게 진 울분을 풀기도 했습니다. 그러다 어머니께 "약한 사람만 괴롭혀서 어쩌려는 거니. 그런 치사한 짓은 그만둬"라며 혼난 적도 있습니다. 나는 참 말썽꾸러기였습니다.

학교에 다닐 나이가 된 나는 도쿄도 신주쿠구 와카마쓰초에 있는 도쿄한국학교에 입학했지만, 거의 다니지 않았습니다. 일본에 와서 막 기타니 도장에서의 단체생활을 시작한 상태였으니, '학교'라는 새로운 집단에 또 속한다는 것에 대한 반발심이 생겼던 것 같습니다. 요쓰야 도장에서 학교까지는 걸어서 30분 정도 걸렸습니다. 그 중간쯤에 상연이 형이 살던 아파트가 있어서, "다녀오겠습니다" 하고 도장을 나선 뒤 곧장 그곳으로 향했습니다. 형도 그 시간에는 일하러 나가고 없었지요. 나는 일본어 사전을 한 손에 들고 요시카와 에이지의 역사소설을 읽거나, 근처 집주인 댁에 가서 TV를 보게 해달라고 조르기도 했습니다. 그렇게 저녁까지 혼자 즐겁게 시간을 보냈습니다.

학교 공부는 하지 않았고, 바둑 공부도 열중하지 않았습니다. 기타니 도장의 너무 높은 수준에 기가 꺾여 있었던 나는, 지금 생각하면 아무것도 하지 않는 생활을 보냈습니다. 적어도 바둑에 관해서는 일본에 온 시점부터 거의 제자리걸음이었습니다.

그런 상황에서 '열 살까지 프로 입단'이라는 목표를 달성할 리가 없었습니다. 여덟 살, 아홉 살 그리고 열 살 때조차 원생끼리 치르는 입단대회 예선 격인 '5번기'조차 통과하지 못했습니다.


## 마음을 다잡다

목표를 달성할 수 없다는 것이 분명해지자 "이대로는 안 될 것 같으니 한국으로 돌려보내는 게 어떻겠냐"는 이야기까지 나오게 되었습니다. 미하루 어머니의 호출을 받은 형이 그런 이야기를 들었던 모양입니다. '열 살까지 프로 입단'을 달성하지 못한 채 형에게서 "이번에도 입단하지 못하면 같이 돌아가자"는 말을 듣고서야, 나는 비로소 '이대로는 고향에 돌아갈 수 없다'는 생각이 들었습니다. '죽을 각오로 공부하자'고 결심한 것은 바로 그때부터였습니다.

기타니 도장에는 '이렇게 해라, 저렇게 해라' 같은 규칙이 없었기 때문에 공부 방법도 스스로 찾아야 했습니다. 내가 선택한 방법은 우칭위안 선생의 책으로 포석을 공부하는 것과 실전을 통해 수읽기를 단련하는 것이었습니다.

우 선생(1914~2014)은 중국 푸젠성 출신으로, 일곱 살에 바둑을 배워 열네 살 때 일본에 오셨습니다. 이듬해 일본기원으로부터 3단을 인정받았지만, 그 무렵 이미 최정상급의 실력을 갖추고 계셨던 것 같습니다. 태평양전쟁 전후로 열린 '10번기' 시리즈에서 당시 일류기사들을 모두 한 치수 아래인 '선상선先相先' 이하로 몰아붙이며 일인자의 지위를 확립하였습니다. 그 실력은 바둑 역사상 손꼽히는 수준이라는 평가를 받고 있습니다. 영화 〈미완의 대국〉의 실제 모델로도 유명합니다.

뭐, 내가 여섯 살부터 열 살까지 공부를 안 했다고는 하지만, 주위에는 가토 씨나 이시다 씨 같은 강한 도장 선배들이 있었고, 나도 한 지붕 아래서 같은 공기를 마시고 있었던 셈입니다. '서당 개 삼 년이면 풍월을 읊는다'는 말처럼 몸에 바둑의 기운이 스며들었겠지요. 1년간 맹렬히 공부하자 몰라보게 힘이 붙었습니다. 마침 한창 성장기이기도 해서, 그전에는 선으로도 못 이겼던 상대에게 호선으로 이길 수 있게 되었습니다.


## 최연소 입단


열한 살 때, 나는 입단대회에서 처음으로 예선을 통과해 본선에 올랐습니다. 대국 후에 그날 둔 바둑의 기보를 직접 적어 형의 아파트에서 어디가 좋았고 어디가 나빴는지 형과 함께 검토했습니다. 그런 생활이 약 두 달간 이어졌습니다. 돌이켜보면 그전에도 그 후에도 형과 그렇게 제대로 바둑을 공부해 본 적은 없는 것 같습니다. 매우 충실했던 나날이었습니다.

입단대회, 정확하게 말하면 '1968년 입단대회 최종예선'은 17명이 겨루는 풀리그전이었으며, 당시에는 상위 3명 정도가 입단하는 방식이었습니다. 초반부터 호조를 보인 나는 6승 2패로 맞이한 9국째에, 유력한 우승 후보였던 도장 선배 이노우에 씨에게 승리하며 큰 자신감을 얻었습니다. 16국에서 스우 카이세키鄒海石 8단을 이기고 12승 4패로 이노우에 선배에 이어 두 번째로 좋은 성적으로 리그를 마쳤을 때 '어떻게든 입단할 수 있겠구나' 하고 실감했습니다. 난생처음 맞이한 '승부 바둑'에서 나는 승리할 수 있었던 것입니다. 사실 이 해에는 예외적으로 10명 정도가 입단을 허가받아서, 원래는 프로기사가되는 것이 더 일찍 내정되어 있었다고 합니다. 만 11세 9개월의 프로입단은 당시 최연소 기록이었습니다.

프로가 되자 내 인생은 완전히 달라졌습니다. '바둑을 두고 싶다', '싸우고 싶다'고 원하면서도 정작 그 무대에 서지 못해 답답해하던 나에게, '싸울 장소'가 생긴 것입니다. 기타니 도장의 선배들도 나를 어엿한 프로기사로 대우해주기 시작했습니다.

예를 들어 도장 선후배들과 소프트볼을 할 때도, 그전까지는 내 타석에서는 '아웃'을 잡아주지 않았습니다. 타석에 세워주되 아이 취급을 하며 경기 안에는 끼워주지 않았습니다. 프로가 되고 나서야 제대로 "삼진, 원아웃!"이라고 말해주었습니다. 그게 정말 기뻤습니다.

바둑 세계에 내 자리가 생긴 것입니다. 모두가 나를 상대로 진검승부를 펼쳐주었습니다. '열 살까지 프로 입단'이라는 목표가 1년 늦어졌다는 아쉬움은 그 후로도 계속 남았지만, '더 강해지겠다, 명인이되겠다'는 바둑을 향한 열정은 점점 더 커졌습니다.

스승 기타니 미노루 9단(오른쪽)이 지켜보는 가운데 대국 중인 치훈.

## 일본기원 입단대회 최종예선 리그전 (1968년 1월 28일)

● 조치훈 1급     ○ 이노우에 쿠니오 1급 (덤 4집 반)

**총보** (1~107)

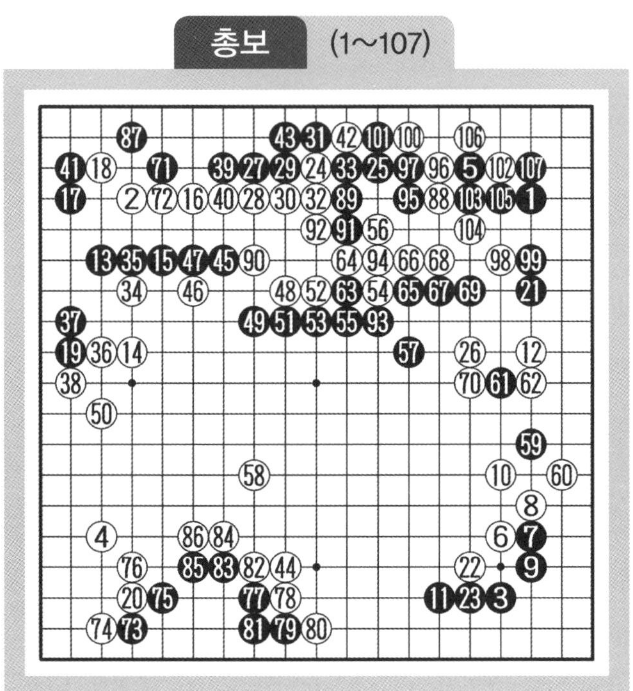

### 입단을 향한 전진

"이노우에 씨는 기타니 도장 선배입니다. 이 예선이 시작되기 전에
는 2점을 놓아도 될까 싶었는데. 이 바둑에서는 '이 정도면 입단해도
손색이 없다'고 누구나 생각할 정도의 바둑을 두고 있습니다. '열 살
에서 열한 살 사이에 이렇게 성장했구나'하고 느꼈습니다."

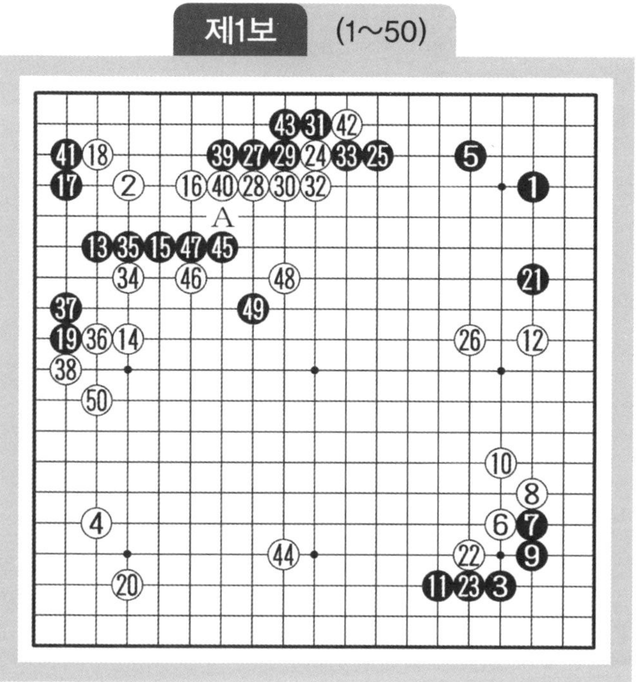

## 초반은 백의 페이스

이 해 입단대회에는 17명이 참가했다. 이 대국은 예선 9국째로, 조치훈 6승 2패, 이노우에 7승 1패의 성적으로 맞붙었다.

흑13의 걸침에 백14로 두 칸 협공했을 때, 흑15로 한 칸 뛴 뒤 17·19로 미끄러지는 '정석'이 시대를 느끼게 한다. 현대 바둑에서는 1도의 백1부터 흑8까지 결정짓는 수단이 개발되어, 흑이 선호하지 않는 수법이 되었다. 백20의 굳힘에 흑21로 우변을 압박했으나, "여기서는 흑27로 두고 백A와 교환한 뒤 21로 두었어야 했다"고 마쓰모토 8단은 말했다. 백은 22로 활용한 뒤 24로 상변에 선착했다. 흑25에

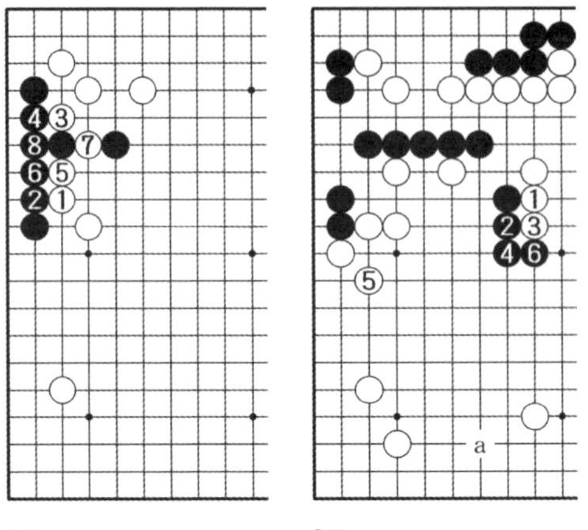

1도

2도



백26으로 우변에도 손을 돌려 잘 짜인 모양을 만들었다.

흑27로 상변에 뛰어든 수에 대해 마쓰모토 8단은 "선생님다운 치열한 수"라고 평했다. 백은 흑33까지 넘겨줄 수밖에 없는 형태다. 좌변 백36으로 모양을 결정한 것도 "당시의 상용 수법"이라는 것이 마쓰모토 8단의 설명이다.

백은 42로 끊어 상변에 맛을 남기고, 44로 대세점에 선착했다. "여기까지는 백의 기민한 수법이 눈에 띕니다. 조금이나마 백의 흐름이라고 할 수 있겠네요." 당시 입단대회에서 이노우에 씨는 입단 1순위로 꼽혔는데, '역시 그렇구나'라고 할 만한 내용의 바둑을 보여준다.

이에 맞서 흑도 41로 밀고 들어가며 자신의 근거를 확실히 하면서 좌상 백 일단에 대한 공격을 노린다. "훗날 선생님이 자주 쓰는 수법입니다." '될성부른 나무는 떡잎부터 안다'는 말이 절로 떠오른다.

백48에 흑49로 상변과 좌변의 연결을 차단했다. 백은 단순히 50으로 단점을 보강했지만, 이후 진행을 보면 2도의 백1·3으로 밀어두고 5로 지키는 수순도 생각해 볼 만했다. 다만 흑이 6으로 꼬부리고 나면 흑a의 침입도 남아 있어서, 마쓰모토 8단은 "좌변에서 하변에 걸친 백 모양이 지워져 버리기 때문에 실전보다 백이 낫다고 보긴 어렵겠네요"라는 견해를 밝혔다.

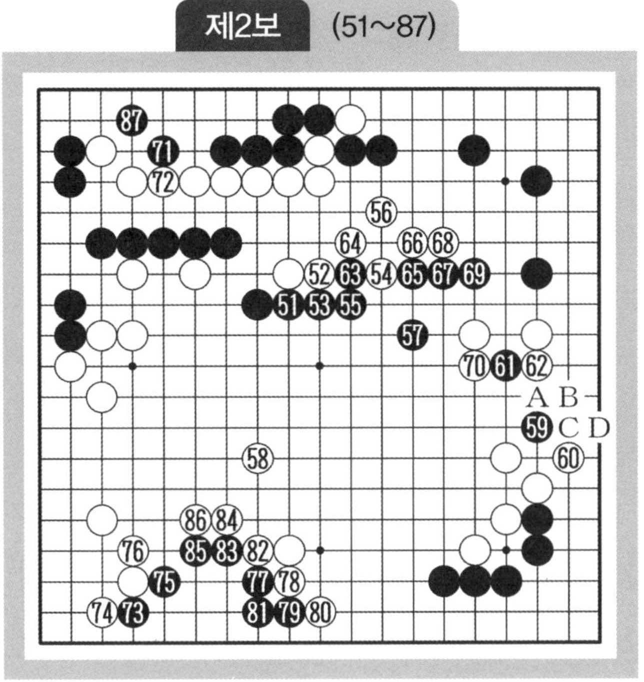



## 추격하다

중앙은 흑이 51로 밀어갔다. 흑57의 날일자 행마까지는 "이렇게 될 자리"라고 마쓰모토 8단은 말했다. 이어진 백58이 좋은 수로, 여전히 백이 유리한 흐름이다.

흑은 59·61로 응수타진한 뒤, 63부터 상변의 '벽'에 다가가서 견제한다. 백62로 받은 것은 어쩔 수 없는 응수다. 흑69까지 상변과 우변 백이 끊어졌는데, 여기서 백70으로 우변을 보강한 것이 '문제'였다. 상변 백 일단이 의외로 약했기 때문이다.

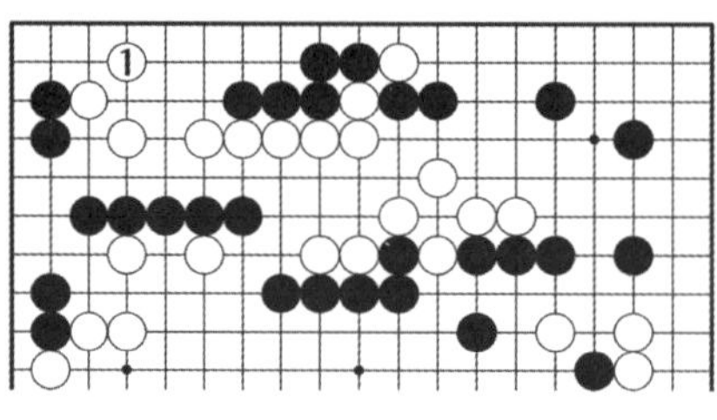

3도

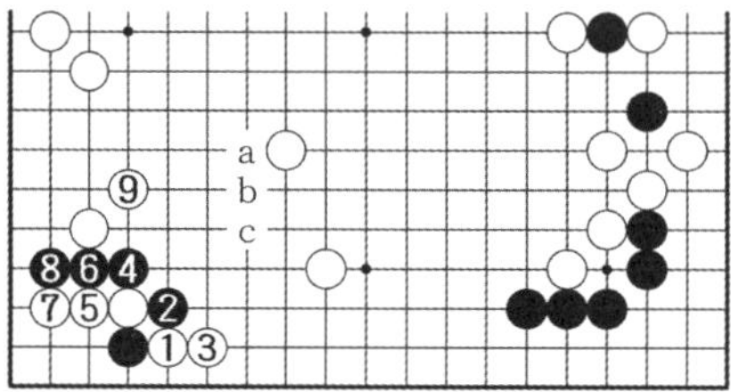

4도

"3도의 백1로 안형을 확인해 두었어야 했습니다. 우변은 제2보의 흑A로 두더라도 백B, 흑C, 백D로 별 문제 없이 수습할 수 있었습니다."

그래서 흑71로 들여다본 수가 기민했다. 이 한 수로 백의 안형이 불안해졌다. 백72로 연결하자 흑은 73으로 좌하귀로 손을 돌렸다. 백은 74로 안쪽에서 받았지만, 흑85까지 순식간에 사는 모양을 만들어버렸다.

"여기서는 흑을 쥔 선생님이 잘 두었습니다"라고 마쓰모토 8단이 말했다.

"백은 공격이 더 효과적일 거라고 생각했을지도 모릅니다."

또한 백 세력권이므로 "4도 백1·3과 같은 더 강력한 수단을 생각해야 했습니다"라고 덧붙였다. 그 한 예가 백9까지의 변화도이다. "이렇게 되면 흑 일단이 무사히 살기 어렵습니다. 따라서 흑8은 a·b·c 부근에 두어 타개를 노려야 했을 텐데, 백은 이 진행이 실전보다 훨씬 나았습니다."

백이 86으로 봉쇄했으나, 손을 빼도 흑 일단이 무조건 죽지는 않는다. 조치훈 소년은 흑87을 두며 상변 백에 대한 공격에 나섰다. 과연 흑의 이 공격은 얼마나 강력할까.

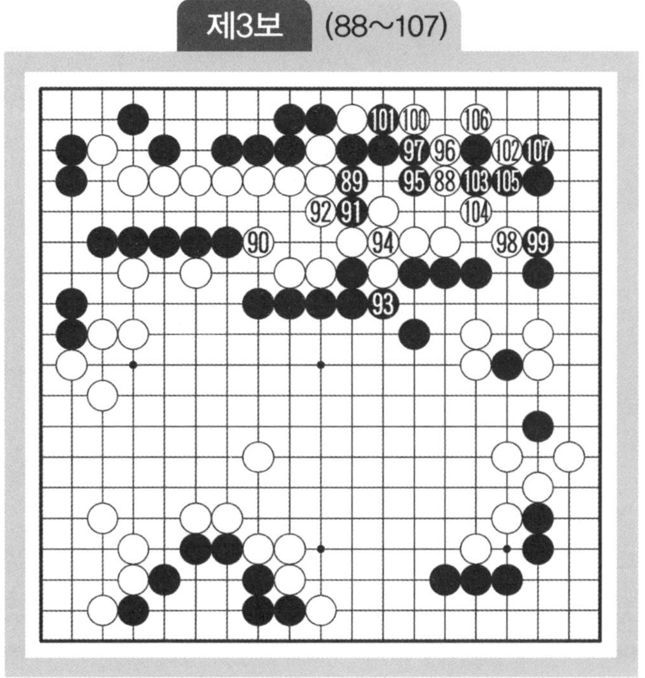

107수 끝, 흑 불계승

## 대마를 잡다

전보前譜에 대한 보충이다. 구체적으로 좌하 흑에게 어떤 수단이 남아 있는지 보여주는 것이 5도다. 백1로 치중한 뒤 3으로 늘어서 안형을 없애는 것이 최강이지만, 흑4로 옆구리에 붙이는 수가 있어서 16까지 진행되면 백a, 흑b로 패가 된다.

하변에 그런 뒷맛이 남아 있지만, 그것보다 상변 백의 생사가 더 중요한 상황이다. 백은 88로 뛰어서 삶을 도모했으나 이게 실착이었다. 마쓰모토 8단의 해설을 들어보자. "6도 백1의 입구자로 두었으면

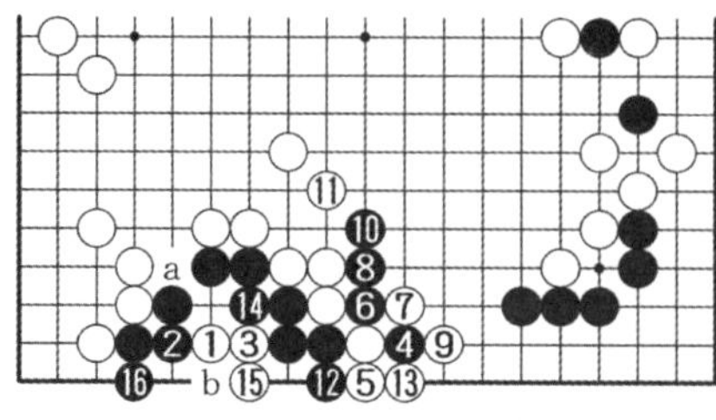

5도

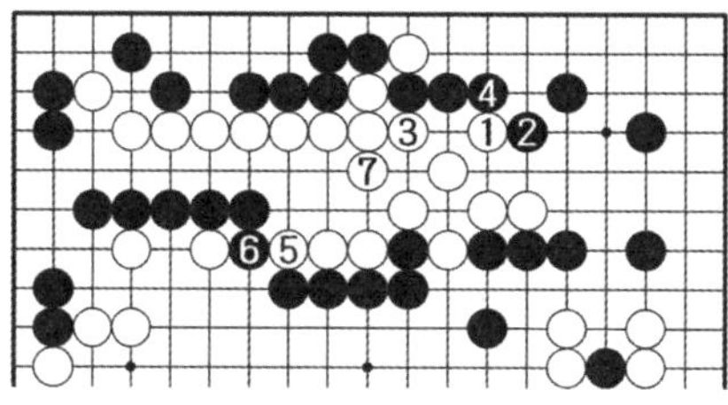

6도

변화는 복잡하지만 사는 형태를 갖출 수 있었습니다."

하지만 6도의 백7까지 두어 살아간다 해도, "이노우에 씨는 두 집 내고 산다고 해도 쌈지 뜨고 사는 것은 괴롭다고 생각했을지 모릅니다." 그래서 백88로는 "좀 더 좋은 모양으로 살려고 한 것 같다"고 말했다. 그러나 흑89로 안형의 급소를 바로 찔러오니 백의 형태가 무너져버렸다. 이후 백은 필사적으로 삶을 도모했으나 이미 늦었다. 흑107에 이르러 숨통이 끊기자 백은 돌을 거둘 수밖에 없었다.

"전반은 백의 발 빠른 행마가 눈에 띄었습니다." 마쓰모토 8단의 총평이다.

"하지만 끌려가는 와중에서도 선생님은 뒤처지지 않게 차분히 따라가다가, 기회를 포착해 단숨에 바둑을 결정지었습니다."

이 승리로 기세가 오른 조치훈 소년은 12승 4패의 성적을 거두며, 입단대회 최종예선을 2위로 통과했다.

## 도장 누나가 말하는 소년 치훈

기타니 도장에 입문했을 무렵의 조치훈 명예명인은 어떤 아이였을까. 어떤 생활을 했고 주변에서는 그를 어떻게 바라보았을까. 당시 도장 누나였던 고바야시 치즈 6단에게 이야기를 들어보았다.

치즈 선생님은 조치훈 명예명인이 일본에 왔을 때 하네다 공항에 마중 나가셨다고요. 어떤 경위로 나가게 된 것인가요?

**치즈** 그 무렵 저는 막 초등학교 2학년이 되었을 때였어요. 그 1년 전인 초등학교 입학식 전날, 가나가와현 히라쓰카시의 기타니 도장에 내제자로 들어갔고, 다음 달인 4월에 도쿄 요쓰야로 도장이 옮기면서 저도 함께 이사해 전학한 직후였습니다. "한국에서 대단한 아이가 온다니까 너도 함께 마중 나가라"고 미하루 어머니께서 말씀하셔서, '기타니 선생님과 함께 하네다에 갈 수 있다'는 생각에 기뻐하며 따라갔습니다. 무슨 일이 일어나는지, 어떤 상황인지 아마 전혀 몰랐을 거예요. 다만 주변 분위기에서 '뭔가 대단한 일이 벌어지고 있구나'라는 느낌은 받았습니다. 아이들은 그런 분위기에 민감하니까요.

조치훈 명예명인은 일본에 온 다음 날, '기타니 문하 100단 돌파' 축하 행사 무대에서 린하이펑 6단과 5점 접바둑을 두어 이기며 '기대주'로 떠올랐는데, 치즈 선생님은 어떻게 보셨습니까?

**치즈** 저도 그 행사 무대 위에 참여하고 있었습니다. 치훈 씨는 많은 사람 앞에서 당당하게 린 선생과 바둑을 두더군요! 그 후 바로 도장에서 제가 치훈 씨에게 6점을 놓고 뒀습니다. 지금도 생생히 기억나

치훈의 도장 누나, 고바야시 치즈 6단. "치훈 씨는 차원이 다르게 강했습니다."

요. 기타니 도장은 '매판 치수고치기' 방식이라 한 판만 져도 놓는 돌이 한 점씩 늘어나는데, 저는 연거푸 져서 9점 접바둑까지 두게 되었지요. 여섯 살 소년과 일곱 살 소녀의 인정사정없는 대국이었다고 할까요? 수준 차이가 너무 컸어요. 도장에는 가토 선생이나 이시다 선생 같은 강한 선배들이 많았기에 9점을 놓고 두는 건 흔한 일이었고, 그들에게 지는 건 어쩔 수 없다고 생각했지만, 저보다 어린 꼬마에게 완전히 박살이 난 겁니다. 제게도 남동생이 셋이나 있어서 '작아도 강한 아이가 있다'는 건 알았지만, 치훈 씨는 마치 '다른 세계의 사람' 같았습니다. …아마 그때 저는 제 바둑의 한계를 절감했던 것 같아요. 그전까지는 도장 안에서 '가장 어리고 그럭저럭 바둑 좀 두는 여자아이'라는 위치에 있었지만, 치훈 씨는 "아, 이게 뭐야!" 싶을 정도의 수준이었거든요. 이미 그때부터 치훈 씨는 차원이 다른 사람이었습니다.



그 후의 조치훈 명예명인은 어떤 아이였나요?

**치즈** 저는 어머니가 편찮으셔서 초등학교 2학년 여름방학부터 6학년 가을까지 본가로 돌아가 있느라 도장 생활을 하지 못했습니다. 도장에 돌아온 것은 고바야시 고이치 선생이 도장에 입문해 입단하기 직전이었어요. 치훈 씨가 '열 살까지 프로 입단'을 목표로 했지만 달성하지 못했던 바로 그 시점입니다. 그 당시 치훈 씨가 꽤 예민해져 있던 것으로 기억합니다. 입단을 코앞에 두고 있었고, 도장 선배들에게도 '프로가 되면 바로 싸워야 할 상대'였으니 여러모로 힘든 시기였겠지요.

조치훈 명예명인은 그 무렵까지 놀기만 하고 공부는 안 했다고 하는데, 실제로는 어땠나요? '장난꾸러기'였다는 이야기도 들었습니다만.

**치즈** 저는 장난을 당한 적이 없어요. 아마 제가 도장을 떠나 있던 시기에 그런 일이 있었나 보네요. 다시 내제자가 되었을 때는 남동생 세 명(초등학교 1~4학년 무렵)과 같이 남매 넷이 한 방을 쓰게 되었습니다. 그 무렵에는 매일 동생들의 장난 때문에 도장과 원생 선배나 학교 선생님들께 잔소리를 듣고 있어서, 남자아이가 장난을 치는 건 '당연한 일'이라고 생각한 면도 있습니다. 치훈 씨가 장난을 쳤을지도 모르지만, 저 자신과 동생들 일로 정신이 없었어요.

스승과 휴식을 취하며 사랑스러운 미소를 보이는 치훈.

오가와 도모코 씨는 자주 표적이 되었다고 하던데요.

**치즈** 오가와 씨는 도장에 다니기 시작한 게 늦었어요. 중학교 3학년 무렵이었을 겁니다. 치훈 씨에게는 '동경하는 누나'였겠죠. 그래서 괜히 더 장난을 친 게 아닐까요. 저는 더 어릴 때부터 함께 지냈고 동생 셋을 둔 누나였으니, 치훈 씨에게 저는 장난의 대상조차 아니었을 겁니다.

'공부하지 않았다'는 말에 대해서는 어떻게 생각하십니까.

**치즈** 그건 '치훈 씨의 수준'에서 하는 말이라고 생각합니다. 일류기사가 되는 사람은 모두 '열 살 무렵까지 본격적인 수업을 받아 그 나이에 어떤 수준에 도달해 있는가'에서 판가름 나는데, 치훈 씨는 열 살에 이미 프로를 바라보는 수준이었습니다. 치훈 씨는 그 수준에서 더 공부했으니, 입단하자마자 바로 타이틀을 따낼 정도의 기량을 갖췄으리라 기대를 받았던 것이죠. 일반 원생들이 말하는 '공부를 안 했다'와는 의미가 다릅니다.

여섯 살에 일본에 와서 "기타니 도장의 수준이 너무 높아 내가 약하다고 생각했다"라고도 말씀하셨어요.

**치즈** 뭐, 그건 그럴 수도 있겠네요. 선배들이 가토, 이시다 선생 같은 분들뿐이었으니까요. 기타니 도장에서 계속 자신감을 유지하기란 불가능에 가까웠죠. '매판 치수고치기'에서 선배들에게 반상에 접히는 돌의 개수가 점점 많아지고, 바둑판 밖에서도 조금이라도 나태한 소리를 하면 바로 지적당했으니까요. 치훈 씨도 힘들었을 겁니다. 여섯 살에 다른 나라에 와서 일상생활도 힘들었을 텐데, 도장의 엄격함까지 몸소 겪었으니까요. 바둑이 싫지는 않았어도 기분 전환 삼아 놀고 싶다는 생각이 드는 건 당연한 일입니다.

조치훈 명예명인 자신도 "힘들었다"고 회고하더군요.

**치즈** 힘들었을 거예요. 게다가 도장 원생이 많으면 나이가 어린 쪽이 입단에 가까워질수록 선배들의 태도가 더 엄격해집니다. 아마 '건방지다'고 생각하는 거겠죠. 저도 여자아이 중에서 가장 어렸기에 그런 분위기 속에서 단련되었습니다. 또래 아이들 30명 정도가 아침부터 저녁까지 경쟁하며 실력을 갈고닦는 곳이었으니, 제 자리 하나 지키는 것도 쉬운 일이 아니었습니다. 당시 도장 원생들 가운데 치훈 씨와 저는 어린 편에 속했습니다. 그 속에서 어떻게든 존재감을 드러내려 했던 것이니 '장난' 정도는 귀여운 수준이었을 겁니다. 뭐, 그래도 그런 분위기를 같은 장소, 같은 시간 속에서 공유하며 생활하는 이른바 '한솥밥을 먹는 식구' 같은 끈끈함이 있습니다. 도장 선후배가 '지금 컨디션이 좋구나', '좀 힘들구나' 하는 건 말하지 않아도 분위기로 느낄 수 있습니다. 최근 몇 년간은 코로나로 인해 도장 선후배와 만날 기회가 적었지만, 스쳐 지나가기만 해도 전해지는 느낌이 있다는 것을 다시금 깨달았습니다.

조치훈 명예명인과도 그런 느낌이 전해지나요?

**치즈** 그렇죠. 왠지 모르게 여러 가지 느낌이 전해져옵니다. 제 세 동생 중 사토루가 치훈 씨를 쫓는 입장이었기에 서로 조금 거리를 두긴 했지만, '말하지 않아도 전해지는' 분위기가 기타니 문하생들에게는 있습니다. 도장 원생끼리는 별로 이야기를 나누지 않았어요. 환경이 달랐다면 조금 더 이야기를 나눌 수도 있었을 텐데, 그런 기회가 더 있었으면 좋았겠다는 아쉬움은 남습니다.

도장 선후배란 원래 그런 관계인가요?

**치즈** 네. 어릴 때부터 함께한 도장 선후배는 원래 그렇습니다. 하지만 지금 돌이켜보니, 당시에는 저도 여유가 없어 깨닫지 못했던 치훈 씨의 고민이나 괴로움 같은 게 이제야 조금씩 보이는 것 같습니다. 치훈 씨가 가나가와현 가마쿠라시에 살던 무렵이었을까요. 제가 승단해서 축하 식사를 하는 자리였는데, 그가 "나는 근처 산에 가서 크게 소리 지를 거야!"라고 중얼거렸어요. 바둑을 떠나 한 인간으로서 어떻게 살아야 할지 고민하던 시기였다고 생각합니다.

어려서부터 일본에 있었다고 해도 타국 생활에서 오는 어려움이 있었
겠군요.

**치즈**　저도 서양에 몇 년 거주한 적이 있어 '외국인으로서 타국에 산
다는 기분'을 조금은 압니다. 타국에서는 역시 넘기 힘든 벽이 있지
요. 다른 이야기지만, 기성전 도전기 전에 교통사고를 당했을 때 병
문안을 갔었습니다. 그때 우연히 깁스를 제거하는 자리에 있었습니
다. 깁스를 일찍 풀면 다리에 어떤 영향이 있을지 모르는 상황인데
도, 대국장 이동을 위해 서둘러 깁스를 풀어버리더군요. 그때 떨리던
치훈 씨의 뒷모습을 잊을 수 없습니다. 정말 복잡한 기분이 들어 집
에 돌아와 도장 선배인 가토 선생과 한참 동안 통화했던 기억이 나네
요. 그때 치훈 씨의 '일류기사로서의 각오, 어떤 일이 있어도 바둑을
두겠다는 의지, 그리고 책임감'을 절실히 느낄 수 있었습니다. 기사
로서의 '재능'과 '노력'을 넘어선 '남자다움'을 느꼈습니다.

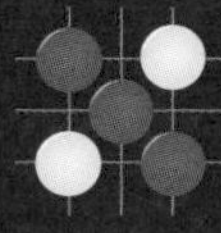

# 제2장

# 상승

타이틀 전선으로

## 종착역이 아니다

프로가 된 나는 어린 시절과는 달리 바둑에만 전념할 수 있었습니다. 입단 당시에는 실력이 조금 부족했지만, 열한 살이라는 사상 최연소 입단이었으니 성장할 가능성도 그만큼 충분했지요. 곧 주변 사람들과 대등하게 싸울 수 있게 되었습니다. 승단대회에서 33연승을 기록하며 해마다 승단했고 신예토너먼트전에서도 우승하는 등, 순풍에 돛 단 듯 순조로운 기사 생활이었습니다.

그렇다고는 해도 인간적으로는 아직 미숙했습니다. 열다섯 살에 5단으로 승단했을 때, 인터뷰에서 "저는 5단이 되기 위해 일본에 온 것이 아닙니다"라고 말했다는데, 그것도 그런 미성숙한 모습 중 하나였지요. 어릴 때부터 명인만을 꿈꾸며 공부해 왔으니, "고단자가 되었네"라는 말을 들어도 딱히 와닿지가 않았던 겁니다. 어떻게 대답해야 할지 몰랐던 것이죠.

승단이 기쁘긴 했겠지만, 여기가 종착역은 아니라는 생각이 그대로 입 밖으로 나온 것입니다. '치훈은 건방지다'라거나 '아니, 젊으니까 그 정도는 말해야지'라며 주위에서 여러 말이 있었지만, 나는 그렇게 깊게 생각하고 말한 것이 아니었습니다. 이후에도 "바둑에서 지면 죽는 수밖에 없다.” 같은 여러 발언이 화제가 되었지만 모두 마찬가지입니다. 깊은 생각 없이 기분을 솔직하게 말했을 뿐입니다. 오해가 생긴 것은 당시에 내 표현이 서툴렀기 때문이라고 생각합니다. 다만 ‘나에게는 바둑밖에 없다’, ‘가장 강한 기사가 되고 싶다’라는 마음은 지금도 항상 가지고 있습니다. 바둑기사라면 마땅히 가져야 할 마음가짐이라고 생각합니다.

## 히라쓰카로

그런 나에게 큰 전환점이 된 것은 기타니 도장이 도쿄 요쓰야에서 가나가와현 히라쓰카시로 옮겨간 일이었습니다. 1973년 7월, 기타니 선생님이 세 번째 뇌출혈로 쓰러지시면서 요쓰야의 도장을 접고 원래 본가가 있던 히라쓰카로 돌아가게 된 것입니다. 이를 계기로 도장 선배들은 독립하게 되었지만, 나는 도장 후배였던 노부타 씨, 소노다 씨와 함께 히라쓰카로 가기로 했습니다. 그때까지 도장에서는 항상 ‘막내’ 같은 존재였는데, 이때 처음으로 ‘맏형’이 되었습니다.

미하루 어머니는 선생님이 입원한 병원에 계속 계셔야 해서, 집에는 기타니 선생님의 장녀 카즈코 누나와 우리 셋뿐이었습니다. 카즈코 누나는 집안일로 바빴기 때문에, 동생들을 돌보는 일은 내 몫이었습니다. 맏형이었기에 바둑 공부도 더욱 열심히 했습니다.

시간을 내어 교대로 치가사키시의 병원에 입원해 계신 선생님의 병문안도 다녀왔습니다. 휠체어를 밀며 산책하거나 쇼기(일본 장기-옮긴이)를 두기도 했습니다. 선생님께서는 아마추어 5단 수준으로 본래 쇼기를 잘 두셨지만, 병환 이후 실력이 많이 줄었습니다. 가끔 찾아오는 이시다 씨와 가토 씨 같은 선배들은 쇼기 실력도 대단했기에 선생님과 둘 때는 일부러 져 드리고는 했습니다. 하지만 나는 쇼기를 배운 지 얼마 되지 않아 실력이 약했기에 승패를 조절할 만한 '요령'이 없어서 오히려 좋은 승부가 되곤 했습니다.

이런 사정을 모르는 기타니 선생님은 "치훈이 쇼기를 제일 잘 둔다"고 말씀하시곤 했습니다. 아마 선생님도 엎치락뒤치락하는 승부가 즐거우셨던 것 같습니다. 노부타 씨와 소노다 씨 모두 쇼기를 둘 줄 몰랐기에, 선생님은 점점 더 자주 나를 부르셨습니다. 선생님과 그렇게 많은 시간을 보낸 것은 그때가 처음이었습니다. 건강하셨던 요쓰야 도장 시절보다 훨씬 더 깊고 의미 있는 시간을 함께할 수 있었습니다.

1974년 12월, 내가 본격적으로 독립할 때까지 그런 날들이 계속되었습니다. 당시에 마흔 살 정도였던 카즈코 누나는 나를 친자식처럼 잘 대해주었고, 여섯 살에 고향을 떠나온 나에게 히라쓰카에서의 생활은 '가족의 정'을 새삼 느낄 수 있었던 나날이었습니다. '열 살까지 프로 입단'이라는 목표를 이루지 못하고 필사적으로 공부했던 1년이 치열한 성장의 시간이었다면, 히라쓰카에서의 일상은 훨씬 더 인간적이고 여유로운 환경 속에서의 시간이었습니다. 지금도 10대 중반의 그 시절을 떠올리면 아련한 그리움이 밀려옵니다.

## 천하의 사카다 선생에게 도전

기타니 도장을 나와 독립하여 혼자 살기 시작한 1974년 12월부터 1975년에 걸쳐, 나는 일본기원 선수권전에서 당시 타이틀 보유자였던 사카다 에이오 선생에게 도전하게 되었습니다. 히라쓰카에서 보낸 날들의 집대성이라는 마음으로 5번기에 임했습니다.

사카다 선생(1920~2010)은 두말할 필요 없는 쇼와 시대의 대기사입니다. 통산 타이틀 64회(역대 3위), 본인방전 7연패, 연간 최고 승률 93.75%(30승 2패, 1964년) 등의 기록은 물론, '타개의 사카다'라고 불리는 날카로운 기풍으로 잘 알려져 있습니다. 전성기 시절의 실력은 가히 압도적이었습니다.

선생은 생각한 것을 바로 입 밖에 냈고 말투도 거칠었습니다. 예를 들어 바둑을 이긴 뒤 복기할 때도 상대방을 몰아세우곤 했습니다. 진 쪽은 두 번, 세 번 진 것 같은 기분이 듭니다. 평소 언행도 마찬가지였습니다. 분위기에 상관없이 자신이 옳다고 생각한 것, 그 순간 느낀 것을 직설적으로 말하곤 했습니다. 그래서 사카다 선생을 어려워하는 사람도 많았지만, 나에게는 선배로서 정말 좋아했던 분이었습니다.

아무리 험한 말을 해도 전혀 꾸밈이 없었습니다. 게다가 선생은 할 말을 다 하고 나면 "하하하" 하고 웃으며 거기서 끝이었습니다. 뒤끝이 없었습니다. 반면 나는 생각이 많아서 하고 싶은 말을 잘 못 하고, 한번 겪은 일이나 말을 오래도록 마음에 두는 성격이었습니다. 그래서 '이 사람이 무슨 생각을 하고 있을까' 하고 신경 쓸 필요가 없는 사카다 선생과 있으면 정말 편했습니다.

다시 나의 첫 빅 타이틀 도전이었던 일본기원 선수권전 이야기로 돌아가 보겠습니다. 신문 3사 연합이 주최하던 일본기원 선수권전은 1975년에 관서기원 선수권전과 통합되어 천원전天元戰이 되었고 지금까지 이어지고 있습니다. 그해까지 사카다 선생은 2연패連覇 중이었고, 전년도에는 선배인 가토 씨가 도전했지만 2연승 뒤 3연패連敗로 패한 바 있습니다.

나도 그때는 한창 기량이 오르고 있을 무렵이었습니다. 히라쓰카에 가기 전보다 80% 정도 더 강해진 느낌이었습니다. 대국 내용 면에서도 제1국과 제2국은 사카다 선생을 압도했습니다. 연승을 거두며 타이틀 획득까지 단 한걸음만을 남겨두게 되었습니다.

한국에서도 취재진이 대거 몰려와 주변이 북적거렸습니다. 그런데 사카다 선생은 여기서부터 진가를 드러냈습니다. 제3국에서 1승을 만회하더니 단숨에 3연승을 거두었습니다. 전년도의 가토 씨와 마찬가지로 대역전으로 타이틀을 방어한 것입니다. 제4국과 제5국도 내용상으로는 좋은 바둑을 두었지만, 중요한 순간에 실수가 나왔습니다. 특히 제4국은 어처구니없는 실수를 저질러 스스로 무너져 버린 바둑이었습니다. 이때의 3연패를 포함해 나는 이후 사카다 선생에게 12연패를 당하게 됩니다. 근접전에 강하고 수읽기가 깊은 분. 나와 기풍이 비슷하지만 모든 면에서 나보다 강했던 사카다 선생의 실력을 뼈저리게 깨닫는 순간이었습니다.

제5국이 끝난 뒤 뒤풀이 자리에서 사카다 선생은 "조 군은 진 게 오히려 다행이야"라고 말했습니다. 나중에 형에게도 비슷한 말을 들었습니다. 돌이켜보면 사카다 선생도 첫 본인방 도전 당시, 하시모토 우타로橋本宇太郎 본인방에게 3승 1패에서 내리 3연패를 당하며 쓰라린 경험을 한 적이 있었습니다.

1951년 제6기 본인방전 7번기 제5국 당시, 31세였던 사카다 선생은 일본기원의 젊은 에이스였습니다. 반면 하시모토 선생은 관서기원을 막 창립하며 일본기원에서 독립한 직후였지요. 그는 '지면 관서기원이 무너질지도 모른다'는 벼랑 끝의 승부에 "목을 씻고 왔습니다"라고 말하며 대국에 임했습니다. 그리고 후세에 '쇼센쿄昇仙峡의 전투'로 남은 이

쇼와시대의 대기사, 사카다 에이오.

한 판에서 패한 사카다 선생은 남은 두 판에서도 단 1승을 거두지 못하고 그대로 무너졌습니다.

이후 하시모토 선생은 본인방을 1년 더 지킬 수 있었고, 그 기간에 관서기원의 경영 기반을 다질 수 있었습니다. 그리고 이듬해 하시모토 선생에게서 본인방을 빼앗은 다카가와(다카가와 가쿠高川格 9단) 선생은 무려 9연패를 달성하며 22세世 본인방이 되었습니다. 사카다 선생이 다카가와 선생을 꺾고 염원하던 본인방 자리에 오르기까지는 10년의 세월이 더 필요했습니다.

재능은 있지만 진정한 실력은 아직 갖추지 못한 상태였기에, 사카다 선생은 젊은 시절의 자신과 그때의 나를 겹쳐 보셨는지도 모릅니다. '실패는 성공의 어머니'라는 말처럼 그런 경험도 필요했을 것입니다. 그 뒤로 사카다 선생은 나를 무척 아껴주셨고 여러 가지를 가

르쳐 주셨습니다.

역전패를 당한 것은 충격이었지만, 이듬해인 1976년에는 '8강쟁패전'에서 우승해 처음으로 명인전 리그에 진출했고, 같은 해 왕좌전에서는 처음으로 7대 타이틀 중 하나를 획득할 수 있었습니다. 그리고 나의 충실한 행보와 호조 뒤에는 '소중한 사람'과의 만남이 있었습니다.

## 제22기 일본기원 선수권전 5번기 제4국 (1975년 1월 27일)

● 사카다 에이오 선수권자　　○ 조치훈 6단 (덤 4집 반)

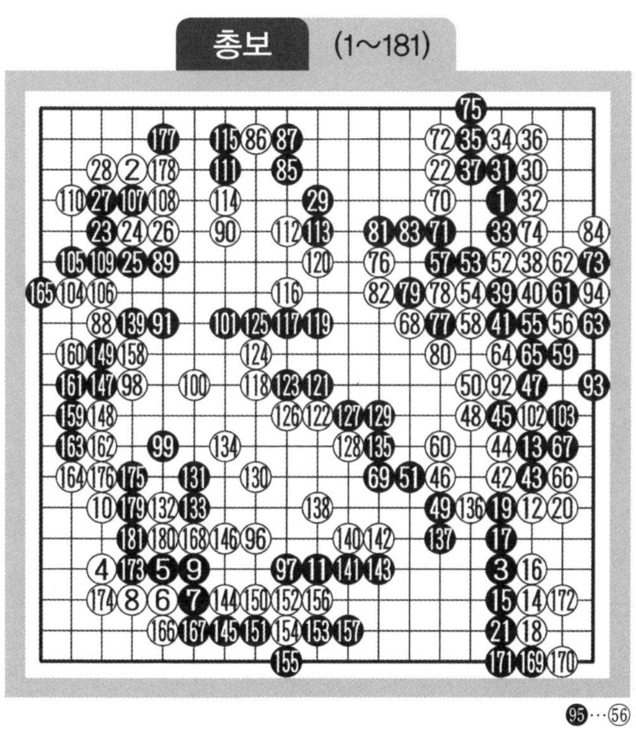


### 씁쓸한 청춘의 기보

"지금 봐도 마음 아픈 바둑이네요. 잘 두다 갑작스러운 실수에 머리가 하얘져 미세한 승부였음에도 돌을 던지고 말았습니다. '천하의 사카다' 선생을 멋지게 이기려다 내 꾀에 내가 넘어간 셈인데, 어쩌면 내 인생을 상징하는 바둑일지도 모르겠네요."

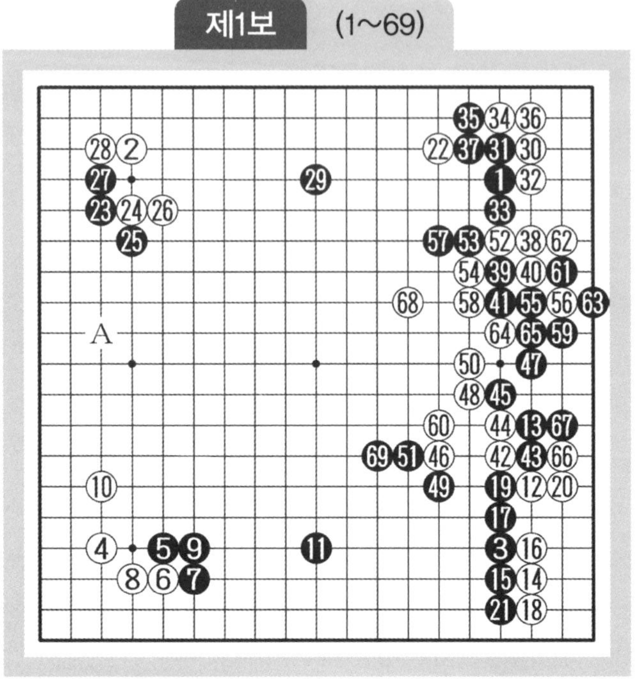



## 사카다류의 격렬함

　조치훈 도전자가 2승 1패로 앞선 상황에서 맞이한 한 판이다. 고국의 천재 소년이 일본에서 처음으로 빅 타이틀을 차지할지도 모른다는 기대감에 한국에서도 많은 취재진이 몰려들었다.

　우하귀 백12의 걸침에 흑은 13으로 한 칸 협공을 택했다. 흑17에 백18로 내려서고 흑21로 막는 데까지가 정석이다. 백은 42의 자리로 젖혀 나가는 수를 노리며 22로 걸쳐갔다. 흑23의 좌상귀 걸침에 대해 백은 24에서 28까지 붙이고 막는 정도인데, 여기서 흑은 좌변을 전개하는 대신 29로 협공했다. "백10의 자리에 이미 돌이 놓여 있어 흑A의 자리는 그다지 크지 않다는 판단입니다." 마쓰모토 8단의 설명이다. 백30으로 3·3에 들어가며 백38까지 정석이 진행되었다. 백30으로는 38로 양

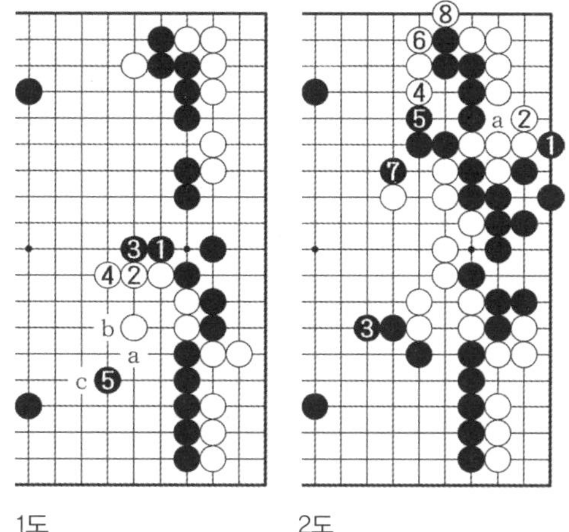

1도                    2도

걸침하는 수도 생각할 수 있는데, 그것은 그것대로 전혀 다른 바둑이 되었을 것이다. 흑39로 씌워오자 백은 40으로 한 번 밀어둔 뒤 42로 젖혀 나가는 수를 결행했다. 흑43으로 끊고 흑47의 호구 지킴까지는 일반적인 형태다. 그러나 백48의 젖힘에 흑49로 붙여간 수가 사카다 선생다운 날카로운 한 수였다. 보통은 1도의 흑1~5처럼 두는 것이지만, 흑a로 먼저 붙여 백b로 늘게 한 뒤 흑1·3을 결정하고 흑c로 한 칸 더 넓게 집을 만들려는 생각이다. 이에 백은 50으로 늘어서 반발했다. 기세상 흑이 51로 젖혀서 하변 모양을 키우려 하자, 백은 52·54로 끊어 우변 흑을 차단하는 변화가 일어났다. 백68까지 우변 모양을 정리하고 흑은 69로 단점을 보완하며 일단락되었으나, 마쓰모토 8단은 다음을 지적한다. "그 전에 흑은 2도의 흑1을 먼저 활용해 둘 기회였습니다. 지금은 백이 2로 받을 수밖에 없는데, 만약 백8까지 진행된다면 a의 자리가 비어 있어 흑 형태에 여유가 생깁니다." 이 선수 교환을 해두지 않은 탓에 실전은 또 다른 전개로 흘러가게 된다.

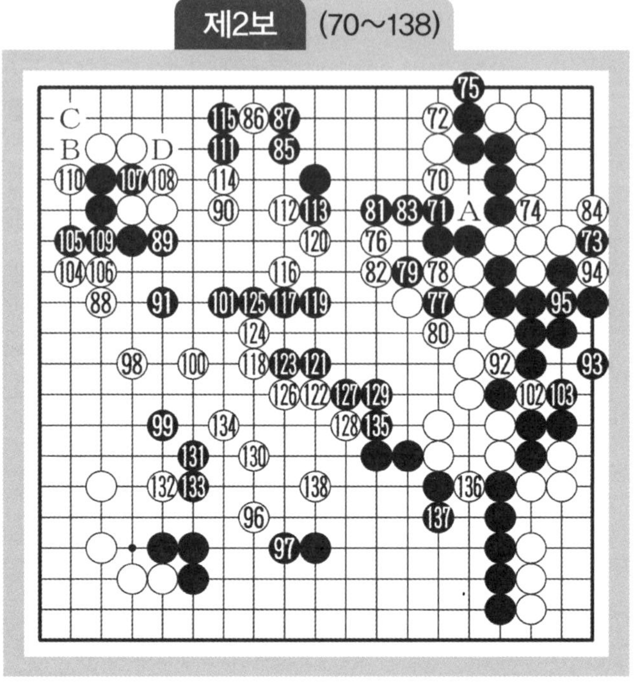



## 백이 앞선 채 종반으로

백은 70으로 우상 쪽을 움직이기 시작했다. 흑71로 연결하고 백72로 넘자고 하자 흑은 73으로 젖혔다. 그러나 백74로 공배를 메우며 받을 수 있다는 것이 2도와 다른 점이다. 70·72가 놓여 있어 흑75의 응수를 생략할 수 없다. 백이 75로 넘어가 버리면 백A로 흑 다섯 점을 환격으로 잡는 수가 남기 때문이다.

백76의 압박에 순순히 3도 흑1로 받았다가는 백4로 나와 곤란해진다. 흑5로 막으면 백6으로 끼워서 우상귀 흑이 잡히는 형태가 된다. 흑

77로 끼운 후 흑81로 붙이는
수가 타개의 맥점이지만, 백
은 82로 중앙을 두텁게 정비
한 뒤 84로 우상귀에 손을 돌
려 충분한 형세다.

백이 88로 협공하며 전장
은 좌상으로 이동했다. 백은
92·94로 우변을 정비한 뒤
96으로 하변을 가볍게 삭감했
는데, 매우 능수능란한 수법
이었다. 마쓰모토 8단은 "정

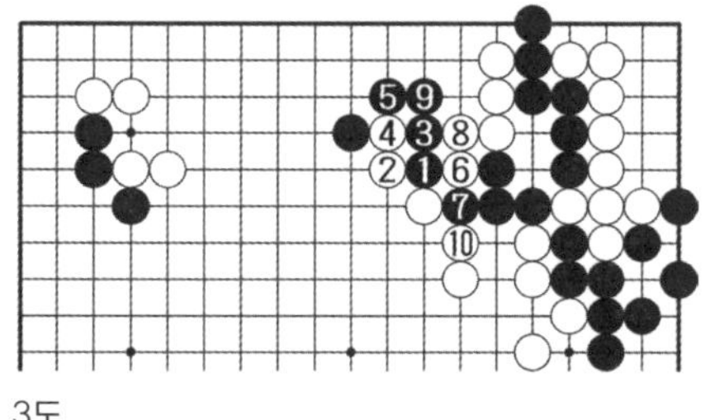

3도

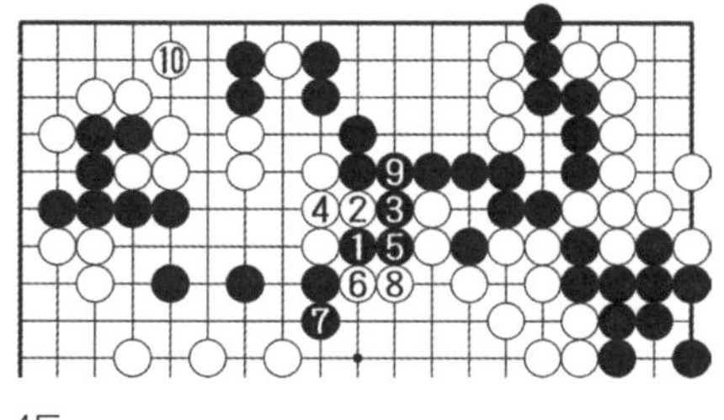

4도

확한 형세판단이 뒷받침된 수"라고 평했다. 흑 역시 형세가 좋지 않다
고 보았는지 99로 깊숙이 파고들었다. 하지만 백104·106으로 흑의 안
형을 위협하면서 대마를 몰아서는 백이 좋은 흐름이다. 그 과정에서
흑은 109로 잇기 전에 107로 밀어 백의 응수를 물었으나, 백이 108로
막은 후 110으로 젖힌 수는 절대 놓칠 수 없는 급소였다. 만약 흑B, 백
C, 흑D로 끊기게 되면 단숨에 공수가 역전되어 버린다.

흑111의 걸침에는 백112·114를 활용하고 116으로 더욱 흑 일단을
압박했다. 흑117의 붙임에 백118로 뛰어간 수에 대해 마쓰모토 8단은
"선생님다운, 전투에 능한 한 수"라고 평했다. 4도 흑1로 젖혀가고 싶
지만 백10까지 모양을 갖추게 된다. 흑11로 머리를 내밀어도 흑 대마
는 아직 완벽히 안정되지 않았다. 따라서 흑119로 뻗은 것은 어쩔 수
없었다. 백은 흑 대마를 몰아가면서 중앙을 정비하고 하변 흑 모양의
삭감을 노렸다. 백138까지 백의 우세 속에 종반전에 돌입했다.

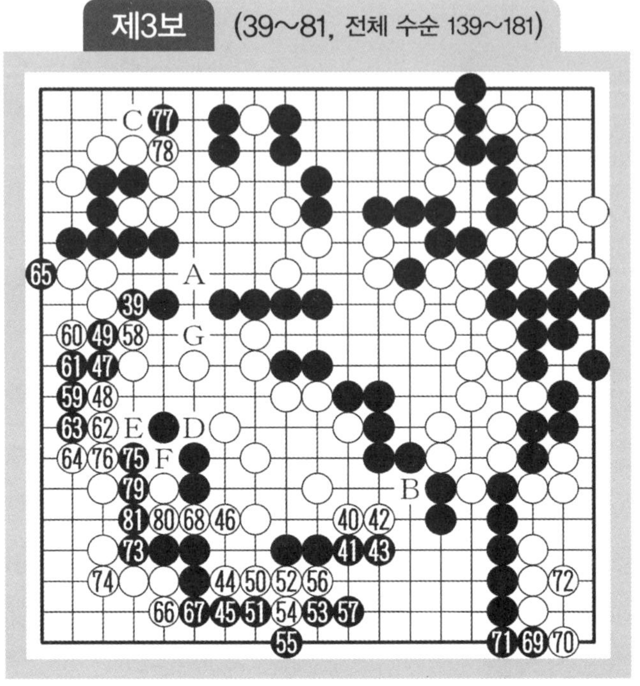



## 순식간에 급변한 형세, 대역전패

흑39는 백A로 끊어오는 수를 대비한 것이었다. 백은 40·42로 선수 끝내기를 한 뒤 44로 하변으로 향했다. 조 6단답게 날카롭게 파고든 수였다. 하지만 마쓰모토 8단은 말한다. "굳이 이렇게 둘 거 없이 5도의 백1로 지켜두는 정도로 충분했습니다." 흑은 2로 두어 제3보의 백 B로 끊는 수단을 없애고 4로 내려서는 정도였다면 "백이 확실히 유리하다"고 덧붙였다.

흑은 47로 붙여서 좌변의 세 점을 잡았으나 하변이 초토화된 것이

아팠다. 백은 58로 끊
어서 좌변에서 사석을
이용해 모양을 정리했
는데, "여기서도 59로
물러서는 정도로 충분
했다"고 지적했다.

그렇다고 해도 백의
수법들은 최강이자 최
선이었다.

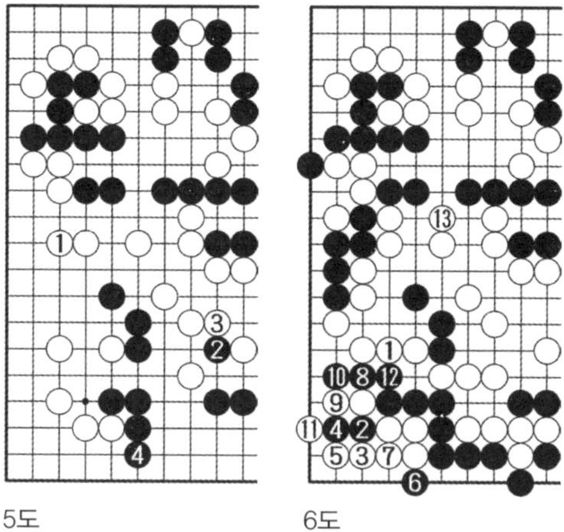

5도                    6도

백68까지 중앙 세 점을 잡았을 때는 '조 6단의 타이틀 획득'이 확
정적인 듯 보였다.

그런데 흑73에 백74로 이은 것이 무심코 나온 실수였다. 흑75에
백76을 생략할 수 없었고, 결국 흑79로 세 점이 살아나 버렸다.

"백74로 81의 자리에 두어 전부 버티는 것은 매우 난해하지만, 6도
의 백1로 중앙 세 점을 확실히 잡아두는 것이 간단하고 명료했습니
다. 흑12까지 좌변을 돌파당해도 백이 남는 형세였습니다." 마쓰모토
8단의 설명이다. 흑81에서 순식간에 형세가 급변하며 조 6단은 그대
로 돌을 던졌다. 사실 승부는 아직 알 수 없는 상황이었다. "백C로 둔
다면 흑은 D에 두는 정도입니다. 거기서 백E, 흑F를 교환하고 백G로
두면 반집 승부였을 겁니다." 당시 조 6단은 열여덟 살이었다. 큰 실
수를 저지른 뒤 마음을 추스르지 못한 것도 무리는 아니었다. 이어진
제5국마저 패하면서 거의 손아귀에 들어왔던 '첫 빅 타이틀'은 달아
나고 말았다. 조치훈 명예명인에게는 청춘 시절의 쓰라린 추억으로
남은 한 판이었다.

## 인생의 반려자를 만나다

'그 사람'을 알게 된 것은 1974년 가을 무렵이었습니다. 홋카이도 아사히카와시 출신의 '그 사람'은 지인의 소개로 기타니 선생님 댁에 '예법수련'을 하러 온 참이었습니다. 한 달 정도 머물렀는데, 생활에 어려움을 겪는 듯해 이런저런 상담도 해주다 보니 자연스레 친해졌습니다.

그녀가 본가로 돌아간 뒤에도 전화하거나 만나러 가며 교제를 이어갔습니다. 그러다 얼마 후, 배우 지망생이었던 그녀의 여동생이 연극 공부를 위해 도쿄로 오게 되었습니다. 도쿄에서 전문대학을 졸업해 현지 사정에 밝았던 '그 사람'도 여동생을 보살피기 위해 다시 상경하여 직장 생활을 시작했습니다.

그 무렵 나는 히라쓰카를 떠나 도쿄의 나카노에서 홀로서기를 시작한 때였습니다. 그녀가 집에 와서 요리를 해주기도 하고, 같이 영화를 보러 가기도 하며 거의 매일 만났습니다. 아쓰미 기요시 씨가 '떠돌이 토라'를 연기한 영화 〈남자는 괴로워〉 시리즈는 대부분 둘이서 같이 봤습니다. 여섯 살 연상이었던 '그 사람'은 성격이 밝고 긍정적이어서, 비관적인 편이었던 나와는 정반대의 사람이었습니다.

성실하고 백 퍼센트 신뢰할 수 있는 사람이었습니다. 문학을 좋아하고 소바를 즐기는 사람이었죠. 나카노에서 2년 정도 살다가 센다가야로 옮겼고, 그다음으로 이사한 가나가와현 가마쿠라시에서 1977년 11월 8일, 스물한 살의 나는 '그 사람' 소가와 교코 씨와 결혼했습니다.

결혼 전 아사히카와에 계신 그녀의 부모님께 인사를 드리러 갔는데, 대단히 기뻐해 주셨습니다. 두 분께서는 바둑은 잘 모르시지만 딸의 결정을 존중해주셨습니다. 반면 우리 부모님께는⋯ 결국 말씀 드리지 못했습니다. 당시 한국에서는 일정 수준 이상의 집안이라면 '맞선을 보고 결혼하는 것'이 당연했고, 집안 격에 어울리는 한국 여성과 결혼하는 것이 상식이었습니다. 일본인 여성을 아내로 맞이한 다는 건 '있을 수 없는' 일이었습니다. "이 사람과 결혼하겠습니다"라고 말한다면, 격렬한 반대에 부딪힐 것이 분명했습니다. 그래서 나는 알리지 않고 결혼을 강행하기로 했습니다.

그런 이유로 결혼식은 가마쿠라의 쓰루오카 하치만궁에서 아주 적은 인원만 참석한 가운데 치렀습니다. 내가 초청한 하객은 기타니 도장에서 함께 내제자 생활을 했던 아사노 씨뿐이었습니다. 그때 아사노 씨가 "잘됐다, 정말 잘됐어"라며 눈물을 흘리던 모습이 아직도 생생합니다. 일찍 가정을 꾸린 덕분에 나는 바둑에만 온전히 전념할 수 있었습니다. 만약 아내를 만나지 않고 혼자 살았다면, 놀기만 하며 지냈을지도 모릅니다.

가마쿠라에 살게 된 것은 그녀가 그곳을 좋아했기 때문입니다. 그 전에는 센다가야의 쇼기회관 바로 근처에 살았는데, 거기는 비둘기가 너무 많아 베란다 같은 데에 배설물을 잔뜩 싸놓곤 했습니다. 사람들은 비둘기를 '평화의 사도'라고 하지만, 그때는 '뭐가 사도야' 싶은 기분이 들었습니다. 동네 분위기는 매우 마음에 들었지만 비둘기 때문에 도저히 견딜 수 없어 이사를 결정했습니다.

가마쿠라의 조묘지淨明寺는 이름처럼 옛 도시의 정취가 있으면서도 세련된 느낌이 드는 곳이었습니다. 우리가 살던 집은 2층짜리 단독 주택으로 2층에는 방 두 개가 있고, 1층에는 주방과 식당을 겸한 방

두 개가 있는 대략 3LDK* 같은 구조였습니다. 옆집에는 점잖은 할머니가 혼자 사셨는데, 잘 가꿔진 작은 정원이 대나무숲 같은 운치를 자아냈습니다. 길 맞은편 아파트 주민들과도 친해져서 그들 중 한 분의 소개로 차車를 사기도 했습니다. 나는 그림을 배우기 시작했고 아내는 노가쿠도能樂堂에서 매주 노**를 배웠습니다. 참으로 즐거운 나날이었습니다.

2층 방을 활용해 바둑교실도 열었습니다. 직접 전단지를 만들어 신문 보급소를 찾아가 신문에 끼워 넣어달라고 부탁했더니, 10명 정도의 수강생이 모였습니다. 실력도 조금씩 늘어갔습니다. 사카다 선생에게 역전패했던 1975년 봄에는 '프로10걸전'에서 우승했고, 이듬해인 1976년에는 후지사와 선생을 꺾고 '8강쟁패전'에서 우승했으며, 오타케 선생으로부터 왕좌를 빼앗아 올 수 있었습니다. 스스로도 이제 실력이 붙고 있다는 느낌이 들기 시작했습니다.

1976년에는 바둑계에 획기적인 사건이 있었는데, 요미우리신문사가 주최하는 대형기전인 기성전이 창설되어 현재의 '7대 타이틀' 시스템이 확립된 것입니다. 기성전이 탄생하기까지 바둑계를 뒤흔든 이른바 '명인전 소동'***이 있었는데, 이에 대해서는 이미 많은 분이 언급하셨고 내막을 잘 모르는 내가 덧붙일 일은 아닐 것입니다. 아무튼 많은 기사가 토너먼트 프로 활동만으로도 생활할 수 있게 되면서

---

* 집 구조 표기 방법으로, 3LDK는 방 3개에 거실(Living), 식당(Dining), 주방(Kitchen)을 갖춘 구조를 뜻한다.
** 能, 일본 전통 공연예술의 한 종류로, 노(能) 또는 노가쿠(能楽)라고 불리는 가면극.
*** 기존 명인전의 주최사 변경 과정에서 벌어진 분쟁을 의미한다.

바둑계 전체가 크게 달아올랐습니다. 가마쿠라에서 살던 1978년 무렵에는 후지사와 선생이 기성, 가토 씨가 본인방·십단·천원 타이틀을 보유한 3관왕이었습니다.

오타케 선생이 명인·기성碁聖 두 타이틀을, 이시다 씨가 왕좌를 차지하고 있었으며, 나와 고이치 씨는 아직 '신인 유망주' 정도의 위치였습니다.

결국 가마쿠라에서는 1년 반 정도 살았을까요. 큰딸 마도카가 태어나면서 집이 비좁아져 이사를 고민하게 되었습니다. 그때 아내와 "가마쿠라에 집을 지을까?" 하는 이야기도 나누었지만, 땅값을 포함해 1억 엔이라는 큰돈이 필요했습니다. 당시 내 수입으로는 도저히 감당할 수 없는 금액이었습니다.

그러던 중 바둑교실 수강생 한 분이 "제 집이 비어 있으니 거기서 사시는 게 어때요?"라고 말씀해 주셨습니다. 세계적으로 유명한 의사 선생님이었는데, 가마쿠라 해안가에 정말 멋진 집을 가지고 계신 분이었어요.

그곳을 보러 가보니 오랫동안 비어 있던 탓에 습기가 심해 '이건 좀 곤란하겠는데' 싶어 고민하다가 결국 포기했습니다. 하지만 지금 와서 생각해 보면, 그때 그 판단이 정말 잘한 일이었는지 의문이 듭니다.

'정들면 고향'이라는 말도 있듯이, 석 달 정도만 살아도 사람 손길이 닿아 쾌적한 환경이 될 수도 있으니까요. 집이라는 것은 사람이 살지 않으면 금세 낡지만, 반대로 사람이 살며 가꾸면 훨씬 살기 좋은 환경이 만들어지는 법인데 당시에는 그걸 미처 알지 못했습니다. 무엇보다 아내가 가마쿠라를 좋아했고 바둑교실 수강생들과의 인연도 깊었기에, 돌이켜보면 참 아쉬운 선택이었다는 후회가 남습니다.

어쨌든 지바현 기사라즈시에서 택지를 분양한다는 사실을 알게 된 것은 신문광고를 통해서였습니다. 평당 10만 엔 정도로 가마쿠라에 비하면 매우 저렴했습니다. 드라이브 삼아 가보니 한눈에 마음에 들었습니다.

나지막한 언덕을 개발한 곳이라 도쿄만이 시원하게 내려다보였고, 멀리 후지산까지 보였습니다. 전망이 무척 좋아 정말 상쾌했습니다.

그 풍경에 반해 그곳에 집을 짓기로 결정했습니다. 땅값을 포함해서 총 4천만 엔 정도 들어 태어나서 처음으로 은행에서 대출을 받았습니다. 1979년 2월, 마침내 집이 완공되어 아내와 딸 마도카, 그리고 반려견 '보기'와 함께 새 보금자리로 이사했습니다.

# 조치훈 · 고바야시 대담 ①

　조치훈 명예명인의 최대 라이벌로는 같은 기타니 문하의 고바야시 고이치 명예기성을 꼽을 수 있다. 기타니 도장에서 만나 반세기가 넘은 지금, 두 사람은 서로를 어떻게 바라보고 있을까. 바둑 이야기부터 인생 이야기까지 솔직하게 털어놓은 이번 대담은 두 사람의 '만남' 이야기부터 시작해보자.

기타니 도장 시절부터 전우(戰友)였던 고바야시 고이치 명예기성(왼쪽)과 조치훈. 이야기는 끝없이 이어졌다.

고이치 선생님이 기타니 도장에 들어가 처음으로 치훈 선생님을 만났을 때의 인상은 어땠나요?

**고바야시**　동네 아이가 놀러 온 줄 알았어요(웃음). 혼자만 너무 작았거든요. 설마 제자라고는 생각도 못했죠. 그런데 바둑을 뒀더니 내가 져버렸어요.

**조** 어, 그래? 어떻게 진 거야?

**고바야시** 정선定先에. 기타니 선생님이 "한번 둬봐"라고 하셔서 '누구
랑 두는 걸까' 하고 있는데, 치훈이 내 앞에 앉는 거야. 당연히 내가
백일 줄 알았는데, 흑을 들게 하시더라고.

**조** 그래? 깜짝 놀랐겠네?

**고바야시** 깜짝 놀랐지!

**조** 고이치 씨는 그때 어느 정도 실력이었어?

**고바야시** 홋카이도는 남쪽과 북쪽으로 나눠서 예선을 치르거든. 넓
으니까. 북쪽은 아사히카와, 남쪽은 삿포로에 모여서 하는데, 난 아
사히카와에서 몇 번 우승했어.

어린이 대회였나요?

**고바야시** 아니요, 성인 대회요. '아사히 아마10걸전'이나 '아마본인방
전' 같은 대회의 예선이었어요.

그 대회의 북홋카이도 예선에서 우승하신 거예요?

**고바야시** 맞아요. 그렇지만 현県 대표급 선수보다는 한 점 정도 약했
어요. 그래도 나름 자신만만하게 도쿄로 갔죠. '프로기사는 대체 어
느 정도일까 한번 보자'하는 마음으로요. 전혀 주눅 들지 않았어요.

그랬는데 완전히 박살 나버렸죠.

**조** 내용은 어땠어?

**고바야시** 잘 기억은 안 나지만, 좋지 않았을 거야.

**조** 몇 판을 둔 거야?

**고바야시** 그때는 한 판만 뒀어. 그 후 사토 초단에게 3점 놓고 졌지. 입문하던 바로 그날이었어. 그 한방에 코가 제대로 납작해졌지.

**조** 그때 몇 살이었어?

**고바야시** 열두 살이었어. 지금 생각해 보면 홋카이도는 참 느긋한 곳이었어. 강하다고 해봤자 별거 아니었지. '엄청난 곳에 와버렸구나' 싶었어(웃음).

**조** 나도 꽤 됐구나.

**고바야시** 잘 됐지. 역시 프로의 맛을 알고 있었으니까.

**조** 그래도 고이치 씨도 잘 됐으니 선생님이 부른 거 아니야? 어떻게 기타니 도장에 오게 된 거야?

**고바야시** 아사히카와에 하야세 선생님이라는, 북홋카이도 바둑계를 이끌던 지방 기사분이 계셨는데 나는 그분의 제자 같은 존재였어. 선생님이 운영하는 기원에 다니고 선생님 댁에서 열리는 대회 예선에도 자주 나가서 나를 많이 예뻐해 주셨지.

**조** 천재 소년이었네.

**고바야시** 하야세 선생님과 기타니 선생님이 안면이 있었어. 예전에는 대국료로 생계를 유지할 수 있는 기사가 거의 없었고, 기전도 별로 없었으니…. 그래서 기타니 선생님은 홋카이도에 한 달, 규슈에 한 달, 이런 식으로 전국 순회 지도를 다니셨어.

**조** 아 그랬어? 흠….

**고바야시** 우리 둘이서 나고야에 같이 갔던 건 기억 안 나? 왜 갔느냐 하면, 일본기원 지부에서 주최하는 바둑 행사가 있어서 참가하러 간 거였어. 그때 우리가 아마추어 바둑 팬들과 바둑을 뒀잖아. 기타니 선생님은 별로 안 두셨어. 아니 병 때문에 못 두셨어.

**조** 전국적으로 그런 활동을 했던 거구나.

**고바야시** 기타니 선생님이 아사히카와에서 바둑 행사를 여러 번 열었는데, 그때 바둑 팬들을 모으고 이런저런 일을 하던 분이 하야세 선생님이었어. 아사히카와에 '키타노혼마루'라는 큰 술집 겸 저택이 있는데 거기서 기타니 선생님이 묵으셨지. 낮에는 넓은 방에서 지도기 행사를 하셨고. 나는 초등학교 5학년 때 처음 보러 갔어. 그런 인연이 있어서 하야세 선생님이 나를 추천해 주셨어. "이 아이는 기대되는 재목입니다" 하시면서. 그런데 그 무렵 기타니 선생님이 뇌출혈로 쓰러지셨어.

**조**  추천해 주시고 나서?

**고바야시**  내가 처음 선생님을 뵌 게 1963년 8월이었는데, 그해 연말에 기타니 선생님이 쓰러지셨어. 그래서 아마 쓰러지신 뒤에 부탁드렸던 것 같아, 도장 입문에 대해서. '건강이 좋지 않다'며 한 번 거절당했었다고 해. 그건 나중에야 알았어. 그러다 1년 후에 허락을 받아 입문하게 된 거야.

**조**  그랬구나.

**고바야시**  그때 기타니 선생님이 쉰여섯 살 정도였을 거야. 1909년생이시니까. 지금 생각하면 꽤 젊은 나이였지. 그런데 정말 위엄이 대단하셨어. 병을 앓으신 뒤라 머리숱도 적어지셨고, 기억나지?

**조**  잘 기억이 안 나.

**고바야시**  뭐라는 거야. 스승을 기억 못 하면 어떡해(웃음).

**조** 아니, 그 몇 년 동안은 기억이 전혀 없어.

**고바야시** 너무 어렸으니까 그럴 만도 하지. 여섯 살에 엄마 품을 떠나왔으니 얼마나 외로웠겠어…. 뭐, 아무튼 난 그런 경위로 입문했어. 그때가 선생님의 두 번째 뇌출혈이었어. 보통 두 번째 쓰러지면 생명이 위독한 경우가 많거든. 처음 쓰러지신 게 1954년, 마흔다섯 살쯤이었으니 너무 이른 나이였지. 1년 반 요양하고 회복하셨다가 다시 쓰러지신 거야.

**조** 두 번째였구나.

**고바야시** 보통 그런 상황에서 제자를 받아들이겠어? 자기 생사가 오가는 상황에서. 도쿄대 병원에 입원했는데 일주일 동안 의식이 없으셨대. 그걸 이겨내신 거지. "요양하며 건강을 되찾았으니 제자를 받아야겠다"라고 하셨지만, 보통은 그런 마음을 먹기 힘들잖아. 후유증도 있을 텐데. 지금 돌아봐도 '그런 상황에서 제자로 받아주셨구나' 하고 신기할 따름이야.

**조** 재능이 있어서 그러셨던 것 아닐까? 홋카이도의 천재 소년이었잖아.

하야세 선생님과는 몇 점 정도 놓고 두셨어요?

**고바야시** 처음에는 3점 정도 놓고 뒀는데, 나중에는 두지 않았던 것 같아요.

**조** 그때는 이미 고이치 씨 실력이 더 강해졌기 때문이겠지.

**고바야시**  아니, 그럴 리는 없어. 하지만 사토 씨에게 3점을 접히고 두었을 때는, 그렇게 접히고 둔 적이 없던 시기라 깜짝 놀랐었지.

**조**  그때 기타니 선생님이 보고 계셨어?

**고바야시**  글쎄, 잘 모르겠어. 보고 계셨을지도 모르지. 처음에 치훈과 둘 때 옆에서 지켜보셨으니, 아마 그때 이미 내 실력을 대충 알고 계셨을 거야.

**조**  그렇다고 해도 당시 고이치 씨에게 "선先으로 둬봐"라고 하신 기타니 선생님은 정말 대단하시네.

**고바야시**  치훈은 그때 원생(연구생) 5급이었으니까.

**조**  아. 그랬었나?

**고바야시**  나는 그때 다카나와에 있던 일본기원에서 7급이었어. 그러니까 딱 '정선' 정도 치수지. 대충 감이 오지?

**조**  아, 그렇구나. 와, 그것도 기억이 하나도 안 나네.

**고바야시**  그러니까 기타니 선생님이 얼마나 안목이 남다른 분인지 알 수 있는 거야. 나는 내가 '마지막 제자'인 줄 알고 들어갔거든. 그런데 그 뒤로도 열댓 명 정도가 줄줄이 들어왔지(웃음).



**고바야시**  노부타 씨, 소노다 씨, 마치코 씨 같은 사람들도 다 나보다 늦게 들어왔어요.

**조**  다들 후배네.

**고바야시**  기타니 선생님은 기본적으로 '프로가 되고 싶다'거나 '바둑을 배우고 싶다'며 찾아오는 사람을 거절하지 않으셨어. 오는 사람 막지 않고 가는 사람 잡지 않는 셈이지.

**조**  재능이 있고 없고를 떠나서?

**고바야시**  그렇지. 노부타 씨만 봐도 바둑을 배운 게 엄청 늦었잖아. 포용력이 넓으신 건지, '바둑을 배우고 싶다면 누구라도 오라'는 느낌이었어. 그래서 아마추어 강자들도 기타니 도장에 자주 찾아왔지. '프로아마10걸전' 같은 대회가 열리면 지방 아마추어들이 도쿄로 올라오잖아? 그때 겸사겸사 도장에 들르는 사람이 꽤 있었어. 그런데 다들 치훈한테 지고 나서 자신감을 잃고 돌아가곤 했지.

치즈 선생님도 "치훈 씨가 여러 사람의 바둑에 대한 꿈을 깨버렸다"라고 하셨어요. 선생님 본인도 "9점 접바둑까지 몰리며 자존심이 산산조

각 났다"라고 하셨어요.

**고바야시**  어중간하게 프로가 되는 것보다 차라리 일찌감치 단념하게 했다는 점에서는 좋은 일을 한 것일지도 몰라요. 그런 어린아이에게 지면 의욕을 잃잖아요. 그런 사람이 꽤 있었어요. 나도 자칫했으면 그렇게 됐을지도 모르죠. 그래서 '이대로는 안 되겠다' 싶어 이를 악물고 다시 시작한 거예요.

**조**  난 이런 이야기들이 정말 하나도 기억이 안 나(웃음). 지금 치즈 씨랑 둬도 이길 자신이 없어(웃음). 아니, 정말이라니까.

'운명적인 만남'을 한 조치훈 명예명인과 고바야시 명예기성은 기타니 도장에서 숙식을 함께하며 경쟁적으로 바둑 실력을 연마했다. 수련 시절은 어땠을까. 두 사람의 이야기는 도장 생활을 넘어 '가족의 의미'로 이어진다.

내제자가 된 뒤에는 치훈 선생님과 같은 방을 쓰셨나요?
**고바야시**  우리 둘이 제일 어렸으니까요.

**조**  기타니 도장에는 다다미 여섯 장 크기의 방이 세 개 있어서 한 방에 3명씩 잤어요. 우리 둘은 제일 어려서 같은 방을 썼어요. 그런데 아침에 일어나면 항상 고이치 씨가 바둑판을 꺼내놓고 공부하고 있는 거예요. 나는 속으로 '하, 시끄럽네…'라고 생각했죠(웃음).

**고바야시**  미하루 어머니께서 "학교 가기 전에 기보 다섯 개는 놓아

"학교에 가기 전 기보를 다섯 개씩 놓았다"는 고바야시.

보고 가라"라고 하셨거든.

**조** 그랬어? 난 그런 말 못 들었는데(웃음). 그걸 지키고 있었던 거구나.

**고바야시** 그래서 아침마다 늘 바빴어. 빨리 놓아도 한 시간은 족히 걸리거든. 청소도 해야 하고. 아마 어머니는 내가 '뒤처져 있다'고 생각하신 것 같아. 도장 입문도 중학교 들어가고 나서였고. '조금 더 공부해야 하지 않을까' 하고 생각하셨던 것 같아.

고이치 선생님은 바둑 공부도 하고 학교도 성실히 다니셨던 거군요?

**고바야시** 네.

"학교 공부는 필요성을 못 느꼈다"는 조치훈.

치훈 선생님은 안 가셨다고 하던데요.

**고바야시** 한국학교 다녔잖아?

**조** "학교에 다녀오겠습니다" 하고 도장을 나서서는, 학교 가는 길 중간에 있는 형네 집에서 멈췄지(웃음).

당시에는 프로기사나 지망생 중에 성실히 학교에 다니는 사람이 드물었던 모양이네요.

**조** 다들 머리가 워낙 좋아서 학교에 가서 선생님 말씀을 진지하게 듣는 사람이 별로 없었어요. 학교에 가서 공부한 사람은 고이치 씨 정도였죠.

**고바야시** 모르는 걸 가르쳐 주잖아. 나는 아는 것도 없는데 얼마나 고마운 일이야.

**조** 근데 나는 그런 걸 굳이 알 필요가 없다고 생각했거든(웃음).

**고바야시** 아니, 그건 아니라고 생각해.

**조** 그러니까 고이치 씨가 대단한 거지. 학교도 제대로 다니고, 바둑 공부도 아침에 기보 다섯 개 놓으라고 하면 시키는 대로 다 하니까.

치훈 선생님은 "공부량이 달랐기 때문에 반년 만에 고이치 선생님께 따라잡혔다"라고 말씀하셨죠.

**조** 아니, 나는 따라잡혔다고 생각한 적은 없어요. 애초에 내가 이겼던 기억이 전혀 없거든요(웃음). 그랬다고 하니까 '아, 그랬었나' 하고 생각할 뿐이죠.

**고바야시** 확실히 반년쯤 지나니까 내가 위로 올라갔었지.

**조** 그래? 반년 만에 따라잡은 거야?

**고바야시** 응. 이기게 됐어. 1년 뒤에는 원생 1급이 되었으니까.

**조** 나는 계속 5급이었는데.

**고바야시**  아니, 3급 정도는 됐었어(웃음). 3급하고 1급이니까 당연히 정선 정도 차이는 났겠지.

**조**  그러면 고이치 씨가 반년 만에 따라잡고, 1년 뒤에는 역전을 한 셈이네. 내가 고이치 씨를 위라고 느끼는 건, 왠지 그때의 기억이 남아있어서인 것 같아.

도장에서는 자주 두셨던 거죠?

**고바야시**  꽤 자주 뒀던 것 같아요. …치훈은 다른 사람에게 추월당한 적이 거의 없는 사람이잖아요. 하지만 나는 도장에 입문한 지 1년 10개월 만에 프로가 되었어요.

**조**  헉. 그렇게 빨리 되다니.

**고바야시**  그렇지. 2년도 안 걸린 거야. 치훈은 나한테 뒤처지고 나서 새파랗게 질려버린 거지. 왜냐하면 열 살 때까지 프로가 될 거라고 기타니 선생님의 기대를 받았는데, 나중에 들어온 내가 먼저 프로가 되어 버렸으니까. 졌을 때는 "게곤 폭포에 가서 죽겠다"라는 말도 했잖아. 그런 막다른 골목에 몰렸다고 느꼈을 거야.

**조**  이런 말을 하면 미하루 어머니께 혼날지도 모르는데, 진짜 게곤 폭포에 가야겠다고 생각해서 전철을 탔었어.

**고바야시**  정말 탔었다고? 닛코 쪽이지?

**조**　혼자 가는 길을 알아보고 나서 전철을 탔는데, 가는 길에 점점 주변이 어두워지니까 무서워서 도중에 돌아왔어(웃음).

**고바야시**　그러니까 역시 나도 영향을 미쳤다고 생각해. 어떤 약한 녀석이 나중에 들어왔는데, 그 녀석이 어느새 먼저 프로가 됐으니 '천재 소년' 입장에선 체면이 안 서잖아. 치훈 씨도 프로를 지망하며 들어 온 형님들을 모조리 꺾어서 다들 어깨를 떨구고 돌아가게 만들었던 역사가 있으니까.

**조**　아니, 그러니까 나도 기타니 도장에 너무 일찍 온 거잖아. 나도 한국에서는 천재 소년이었어. 근데 도장에 와보니 아무것도 아니더라고. 그러다 보니 자신감도 잃고 성격도 비관적으로 변하고…. 지금의 내 성격은 그때 만들어진 것 같아. 도장에 오더라도 한 3년쯤 뒤, 고이치 씨 나이쯤 돼서 왔더라면 다른 인생이 있지 않았을까 하는 생각이 들 때가 있어.

**고바야시**　그래도 일찍 온 게 잘한 거 아냐? 물론 힘든 일도 많았겠지만, 열두 살이면 너무 늦어. 나는 진짜로 '늦었다'고 생각했거든.

**조**　하지만 고이치 씨는 거기서 무너지지 않았잖아. '노력하면 이길 수 있다'고 믿고 했잖아. 나는 '완전히 끝난 인간이 되어버렸다'고 생각한 적이 있어. 그 몇 년 동안은 기억이 거의 없어. 고이치 씨랑 바둑을 두던 것도 기억이 안 날 정도로.

**고바야시** 내가 기억하고 있는 건, 전부 성적을 기록해 두었기 때문이야.

성적을 따로 기록해 두신 건가요?
**고바야시** 네. 입문한 날 미하루 어머니께서 "제대로 성적표를 만들어서 대국한 건 전부 적어라"라고 하셨거든요.

**조** 그런 식으로 고이치 씨는 뭐든지 제대로 해내는 사람이잖아. 나는 감성적인 편이라서 늘 '나는 안 돼' 하는 기분으로 살았던 것 같아.

**고바야시** …뭐 치훈 씨도 보통 사람은 경험하지 못할 인생을 살아왔잖아. 생각해 봐. 여섯 살이면 아직 엄마 품이 그리울 나이잖아? 그런데 혼자 타국으로 보내졌고, 스스로 바둑을 두고 싶어서 온 게 아니었을 거야. 그 나이에 무슨 강한 의지가 있었겠어. 그런데 정신 차려 보니 그런 삶을 살고 있었던 거잖아…. 역시 힘든 점이 많았을 거라고 생각해.

일본에 온 다음 날 린하이펑 선생에게는 5점 놓고 이겼지만, 이시다 선생에게는 9점까지 접혔죠. 그걸 감안하면 어떤 의미에서는 '너무 일찍 왔다'라고 생각할 수도 있겠네요.
**고바야시** 그래도 일찍 그런 경험을 해서 좋은 점도 있지 않을까요?

**조** 뭐, 그것도 다 인생이니까…. 그래도 그 나이에 고이치 씨보다도, 현 대표급 사람보다도 셌다는 건 대단하네.

**고바야시**  그렇지. 엄청 건방졌거든(웃음). 얄밉게 말하면서 프로 지 망하는 대학생들을 막 이겨버렸으니까. 보통 애는 아니었지. 확실히 달랐어.

**조**  그런 기억이 있었다면 또 다른 인생이었을지도 몰라. 지금 이야 기 들어보니까 내 인생이 그렇게 불행하지만은 않았던 것 같기도 해 (웃음).

**고바야시**  불행이라니. 왜 불행하다고 생각해?

**조**  글쎄, 그냥 계속 불행하다고 생각했어. 근데 꼭 그렇지는 않네. 꽤 행복한 삶을 살았어.

**고바야시**  바둑계에서 제일 많은 타이틀을 따놓고 무슨 소릴 하는 거 야(웃음). …뭐, 바둑계는 일반 사회에 비해 시작이 빠르니까. 어릴 때 부모 곁을 떠나야 하잖아. 아직 한창 어리광 부릴 나이인데도 말 이야. 그래도 나는 그런 것도 나쁘지 않다고 생각해. 부모 곁에 있었 으면 마냥 응석만 부렸을 거야.

**조**  응석 부리고 싶을 땐 응석 부리는 것도 필요하지 않을까?

**고바야시**  물론 그렇긴 하지. 예전에 도사쿠* 생가에 간 적이 있거든. 굉장히 큰 집이었는데, 당주는 도쿄에서 직장 생활을 하고 있었고 그 곳을 지키고 있던 건 당주의 누님이었어. 그때가 치훈 씨와 마쓰에에서 기성전 제2국(1986년)을 둘 때였어.

**조** 기억이 안 나.

**고바야시** 스페이스 셔틀이 폭발했을 때야. 수요일, 목요일이 시합이라 모두 화요일에 갔는데, 나는 월요일에 미리 갔었기 때문에 화요일 오전은 한가했어. 그래서 특급 열차로 한 시간 정도 걸리는 도사쿠 생가에 간 거지. 거기서 당주 누님과 이런저런 이야기를 나눴는데, 도사쿠도 어렸을 때 일부러 부모가 키우지 않고 다른 사람에게 맡겼다는 이야기가 있더라고. 그래서 부모 곁을 떠나 단련된다는 건 어쩌면 감사한 경험이었을지도 몰라.

**조** 감사한 마음과 외로운 마음이 뒤섞이네. 그래도 이야기를 듣고 보니 감사한 일이었을지도 모르겠어(웃음).

**고바야시** 그렇지. 옛날에는 일부러 그랬다고 하잖아. 지금도 그런 방식을 유지하는 게 바둑이나 쇼기 세계지. 어릴 때 부모 곁을 떠나 문하생이 되고 내제자가 되어 남의 집 밥을 먹으며 지낸다는 건 역시 예사로운 경험은 아니지.

치훈 선생님은 도장 밥이 그다지 맛있지 않았다고 하셨는데요.
**고바야시** 뭐, 그렇게 사치를 부릴 수는 없었으니까요(웃음). 나는 홋

---

* 도사쿠(道策, 1645~1702) : '바둑의 성인(聖人)'이라고 불린 본인방.

카이도에서는 채소랑 생선을 많이 먹었어요. 고기는 별로 안 먹었거든요. 근데 도쿄에 오니까 그게 막 나오는 거예요. 닭튀김 같은 거요. 그래서 맛에 대해서는 별로 생각하지 않았어요.

**조** 뭐, 그래도 그 이유는 알고 있어.

**고바야시** 뭐가?

기타니 도장의 식사 풍경.

**조** 선생님께서 뇌출혈로 쓰러지시고 나서 염분을 줄였던 거야. 어머니가 요리에 소금을 전혀 안 쓰시니까 아이들 입맛에는 싱겁게 느껴진 거지. 그런데 가끔 레이코 선생님이 만드실 땐 소금을 팍팍 넣으니까 엄청 맛있었어.

**고바야시** 레이코 요리는 간이 셌지.

**조** 아니, '간이 세다'기보다는 저염식의 반작용이라고나 할까. 가끔이긴 하지만 제자들 입장에서 보면 레이코 선생님은 맛있는 걸 만들어주시는 분이었어. 그 이후로 나는 레이코 선생님을 엄청 좋아하게 됐어.

**고바야시** 교코 씨의 음식 간은 어땠어?

**조**  뭐, 그냥 평범했어. 다만 그녀는 고기나 생선을 전혀 안 먹었어.

**고바야시**  헉, 채식주의자였어?

**조**  그래. 나중에 들은 이야기인데, 데이트할 때는 좋은 곳에 데려가고 싶어 하잖아. 그런데 고기 같은 걸 먹으면 화장실 가서 다 토했대.

**고바야시**  에이, 설마! 그럼 뭐야? 결혼하고 나서도 계속 안 먹었어?

**조**  본인은 전혀 안 먹지만, 나는 고기랑 생선을 좋아하니까 요리는 만들어줘. 근데 맛은 전혀 못 보는 거야. 그런데도 엄청 맛있어. 그건 정말 존경스러워.

**고바야시**  정작 본인은 안 먹는 거야?

**조**  먹으면 속이 울렁거린다고 해서 맛도 못 봐. 이유는 끝까지 알려주지 않았지만, 어릴 때 무슨 트라우마가 있는 것 같더라고. 나는 그래서 요리 잘하는 사람을 보면 굉장히 멋져 보여.

이시다 씨가 만든 카레가 맛있었다는 얘기가 있던데요.

**조**  아, 그랬었나요? 이시다 씨는 양배추 채를 정말 잘 썰었죠(웃음).

**고바야시**  맞아. 요리에 소질이 있으신 것 같았어.

제자가 직접 요리를 하는 경우는 별로 없었나요?

**고바야시**  별로 없었죠.


**조**  그래도 양배추를 썰거나 마요네즈를 만들거나 하긴 했었어요.


**고바야시**  나는 "이거 사와라" 하고 심부름시켜서 장 보러 간 적은 있었어요. 저녁거리 같은 거요.


어렸을 때 치훈 선생님은 바둑판 밖에서도 건방진 편이었나요?

**고바야시**  음… 미하루 어머니께서 제 장모님이 되셨잖아요. 그래서 이런저런 속마음을 얘기하실 때가 있었는데, "치훈은 손이 많이 갔어"라고 하시더라구요.


**일동**  하하하하하.


**고바야시**  제자가 50~60명은 있었는데, 치훈 씨 혼자서 나머지 제자들 전부를 합친 것만큼이나 손이 많이 갔다고 하시더군요. 직접 들은 얘기니까 틀림없겠죠?


본인도 그렇게 생각하시나요?

**조**  아니, 그게 말이죠. 아까 내가 죽으려고 했다는 얘기 했었잖아요. 게곤폭포에서. 그런데 내 기사를 쭉 써주던 기자분이 그걸 글로 쓴 거예요.

**고바야시**  코보리(바둑 전문 작가) 씨?

**조**  맞아. 그랬더니 미하루 어머님께서 서슬 퍼렇게 화를 내시면서 "나는 제자가 죽고 싶다는 생각이 들 정도로 키운 적이 없다"라고 하셨어. 하지만 나는 사람은 누구나 살면서 죽고 싶다는 생각이 들 때가 꽤 많지 않을까 생각하거든. 그런데 고이치 씨는 죽고 싶다고 생각한 적이 단 한 번도 없지?

**고바야시**  나는 없어. 이 세상에 태어날 가능성이라는 게 복권에 당첨될 확률보다도 낮다고들 하잖아. 그런 행운을 받고 태어났는데 왜 그걸 거부하겠어?

**조**  난 얼마 전에도 딸이랑 싸우고 '죽고 싶다'고 생각했어.

**고바야시**  그건 너무 예민한 거고….

**조**  우리 집 마당에 비파나무가 있는데 올해 엄청 풍작이었거든. '좀 따야겠다' 싶어서 딸에게 "지금 한가하니?"라고 물었더니 "한가해"라고 하길래, "그럼 같이 비파 좀 따자"고 했지. 그랬더니 "이제 모기가 나올 것 같아"라느니, "조금 더 익으면 먹자"느니 하면서 내가 무슨 말만 하면 토를 달고 불평을 늘어놓는 거야. "비파 따자" 하면 "좋아요, 따요" 하면 되잖아? 그런데도 이런저런 핑계를 대는 거지.

**고바야시**  그냥 하기 싫었던 게 아닐까?

**조** 아빠가 무슨 말만 했다 하면 불평부터 해.

**고바야시** 에이, 그래도 평소에 잘 챙겨주잖아.

**조** 그건 고맙게 생각하고 있어. 하지만 아내였으면 "좋아" 하면서 같이 해줬을 거야.

**고바야시** 그야 그렇지, 아내와 딸은 다르니까.

따님 성격이 치훈 선생님을 많이 닮은 거 아닌가요?

**조** 맞아요. 나도 누가 뭐라고 하면 "아니, 그건 아니야" 하고 일단 부정부터 하는 면이 있어서 많이 반성하고 있어요. 그래서 딸한테 그런 얘기를 한 적도 있어요. "너, 처음부터 부정하지 마라. 일단 '좋다'고 말한 다음에 부정해라"라고요. 그랬더니 그다음부터는 내가 무슨 말만 하면 꼭 "아빠, 그거 좋네"라고 하는 거예요.

**고바야시** 하하하하하하.

**조** 그러고 나서 부정하는 거지.

시키는 대로 잘 하는 것 같은데요(웃음).

**조** 그러니까 그 말투가 얄미운 거죠. "이 녀석 뭐야!" 싶더라고요. 아빠를 그런 식으로 바보 취급하는 건 좋지 않다고 생각해요. 아니, 정말로요.

**고바야시** 딸과 아내는 달라. 아내였다면 맞춰주겠지만 딸은 그렇게 안 된다고 생각해. 그게 일반적이야.

**조** 뭐… 그렇겠지.

(136쪽에서 이어집니다.)

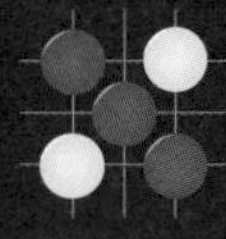

제3장

# 달성

명인이 되다

## 종착역에 도착해서 깨달은 것

기사라즈에 이사하자마자 JR역 앞에 바둑교실을 열었습니다. 대가족 분위기인 기타니 도장에서 어린 시절을 보낸 탓인지, 나는 주변에 바둑 두는 사람들이 시끌벅적하게 있어야 안심이 됩니다. 가마쿠라에서도, 기사라즈에서도, 그리고 나중에 이사하게 되는 지바시 도케에서도 나는 바둑교실이나 바둑 살롱* 을 열었습니다.

하지만 기사라즈의 바둑교실은 실패였습니다. 역 주변에 이미 기원이 세 곳이나 있어서 공급 과잉 상태였기 때문입니다. 첫 달부터 적자가 나서 어쩔 수 없이 약 반년 만에 문을 닫고 말았습니다. 나중에 경쟁 관계였던 기원의 부탁으로 한 달에 한 번 정도 바둑 지도를 하러 갔는데 '적에게 소금을 보낸 셈**' 이라고 할까, 뭔가 복잡한 감정이 들었습니다.

그나마 다행이었던 점은 손님이 별로 없었기 때문에 마음껏 바둑

---

* 바둑을 두거나, 대국 상대를 찾거나, 프로기사에게 지도를 받을 수 있는 곳으로, 단순히 바둑을 두는 장소(기원)보다 좀 더 아늑하고 사교적인 분위기의 바둑 공간.
** 敵に塩を送る(적에게 소금을 보낸다)는 일본 속담으로, 적이나 경쟁자에게 도움이 되는 일을 해주거나 상대가 곤란한 처지에 있을 때 일부러 도와준다는 의미.

공부에 몰두할 수 있었다는 것입니다. 기성 8회, 명인 9회(명예명인), 본인방 12회(제25세世 본인방) 등 내가 획득한 타이틀은 역대 최다인 75회입니다.*

그 본격적인 출발점이 바로 기사라즈 시절이었습니다. 1979년 8월, 오타케 선생으로부터 기성碁聖 타이틀을 빼앗은 나는 이듬해인 1980년에 염원하던 명인전의 도전자가 되었습니다.

원래 한국에 있을 때부터 나에게 '명인'은 특별한 타이틀이었습니다. 아버지였는지 형이었는지, 아니면 근처에 살던 바둑을 좋아하는 아저씨였는지는 잘 모르겠지만, "커서 명인이 되어라"라는 말을 여러 번 듣고 자랐습니다.

명인, 그 길의 최고봉. 그 의미는 일본에서도, 한국에서도, 중국에서도 다르지 않습니다. 그런 '명인'이 되는 것을 목표로 삼고, 그곳에 도달하는 것을 꿈꾸며 여섯 살에 일본으로 온 순간부터 수련해 온 것입니다. 그렇기에 명인전 도전은 나에게 매우 뜻깊은 일이었습니다.

그 당시 명인전 리그 멤버는 나 외에도 사카다 선생, 가토 씨, 다케미야 씨, 린하이펑 선생, 하시모토 선생, 고이치 씨, 하네 야스마사羽根泰正 씨, 야마시로 히로시山城宏 씨가 있었습니다. 나는 고이치 씨와 린하이펑 선생에게만 패해 6승 2패의 좋은 성적으로 가토 씨와의 동률 재대국에 임할 수 있었습니다. 그 대국에서도 좋은 바둑을 두어 도전권을 획득했습니다. 이기고 졌다는 결과보다 스스로 납득할 수 있는 내용이었기에 더 만족스러웠습니다. 이 정도면 7번기에서도 좋은 바둑을 둘 수 있지 않을까 하는 자신감이 생겼습니다.

---

* 저자는 2023년 제2기 데이케이배 레전드전 우승으로 76번째 타이틀을 획득했으며, 일본 역대 최다 기록은 이야마 유타 9단이 2024년 제72기 왕좌전 우승으로 경신한 77회다.

다만 이틀걸이 바둑은 처음이었기 때문에 부담도 컸습니다.

"첫날부터 무너지는 바둑은 둘 수 없다."

"적어도 7국까지는 가야 한다. 0대4로 진다면 관계자들에게 면목이 없다."

이와 같은 여러 생각이 들었습니다. 대국 상대인 오타케 히데오 명인은 강적이었습니다. 나보다 14살 연상의 도장 선배로, 내가 기타니 도장에 들어갔을 때는 이미 가정을 꾸리고 있던 대선배였습니다. 명인전 7번기가 시작되기 직전인 8월에는 기성碁聖전 5번기에서 1승 3패로 패해, 전년도에 오타케 선생에게서 빼앗았던 타이틀을 다시 내준 상황이었습니다.

그래서 제1국에서 내용이 좋은 바둑을 두어서 굉장히 안도했습니다(백번 불계승). 강적이긴 해도 절대로 이길 수 없는 상대는 아니었습니다. 다시금 자신감이 솟아났습니다. 기성碁聖전이 끝났을 때 오타케 선생은 "지난 1년간 가장 강해진 사람은 치훈"이라고 말씀해 주셨습니다. 사카다 선생에게 도전했을 때와 비교해 실력이 붙었던 모양입니다. 그리고 제6국, 마침내 그 순간이 찾아왔습니다.

11월 6일 오후 8시, 반패만 남은 상황에서 끝내기를 이어가던 오타케가 기자석을 향해 말했다.

"이제 슬슬 (보도진을) 불러도 되지 않을까."

기자, 카메라맨 스무여 명이 조용히 방으로 들어왔다. 공배를 메우고 계가를 하자 흑의 1집반 승리가 확인되었다. 눈부신 조명이 조치훈을 비추고 있었다.

(《조치훈걸작선 1-명인, 그 멀고먼 길》중에서)

제5기 명인전 제6국. 기타니 문하의 선배 오타케(왼쪽)로부터 명인을 차지했다.

당시의 상황은 관전기에서 이렇게 묘사되어 있습니다. 지금은 잘 기억나지 않지만, 국후 인터뷰에서 다음과 같이 말했다고 합니다. "아직 실감이 안 납니다. (명인 쟁취를) 돌아가신 기타니 선생님께 가장 먼저 알려드리고 싶습니다." 기자회견도 있었고 한국의 부모님께 전화로 축하를 받는 등 정신없는 일이 이어졌지만, 정작 나는 의외로 차분했습니다. 한국에서 많은 취재진이 왔던 것도 인상 깊게 남아있습니다.

하지만 시간이 조금 흐르자 이런 생각이 들었습니다.

'상상했던 것보다 명인 쟁취는 대단한 일이 아닐지도 모른다.'

어린 시절부터의 꿈, "명인이 되지 못하면 고향 땅을 밟을 수 없다"며 머릿속을 가득 채웠던 목표를 이뤘으니, 만약 이것이 드라마나 영화였다면 여기서 'The End' 자막이 나왔을 것입니다. 하지만 나의 바둑 인생은 여전히 계속되고 있습니다. 타이틀은 기성도 있고 본인방도 있으며, 싸울 상대도 얼마든지 있었습니다.

명인이 되는 것이 종착역이라고 믿었으나, 실제로는 새로운 여정의 출발역이었다는 사실을 깨달았습니다. 종착역이라 믿었던 꿈은 이루어졌지만, 곧바로 마주한 새로운 현실 앞에서 그 꿈은 금세 깨져 버렸습니다. 다만 한 가지, '명인'이라는 단어의 굴레에서 벗어날 수 있었습니다. '이제부터는 내 인생을 살 수 있을지도 모른다'는 해방감과 기쁨을 느꼈습니다.


## 고국에 준 기쁨과 고국에서 받은 슬픔


명인이 되자 상상 이상으로 기뻐해 준 것은 한국 사람들이었습니다. 그해 12월에는 18년 만에 고향으로 돌아가 대한민국 문화훈장(은관)을 받았습니다. 지금처럼 풍족하지 못했던 당시 한국은 일제 강점기와 한국전쟁의 기억이 여전히 생생하던 때였습니다. 그런 시기에 한국인인 내가 일본에서 명인이 된 것은 아마 가슴이 뻥 뚫릴 만큼 시원한 소식이었을 것입니다. 그 일을 계기로 한국의 바둑 열기가 단숨에 달아올랐다고 합니다.

그때까지 나는 '한국에서 태어나 일본에서 자란' 나의 처지를 깊이 생각해 본 적이 없었지만, 많은 분이 기뻐해 주시는 모습을 보며 '소중한 두 나라'에 대해 다시 한번 생각하게 되었습니다.

중국에서 태어나 일본에서 발전하고, 지금은 세계적으로 사랑받는

한국 취재진의 질문에 답하고 있다.

바둑. 중국 출신의 우칭위안 선생이나 대만에서 자란 린하이펑 선생
처럼, 나보다 앞서 국경을 초월해 활약한 선배들이 계십니다. 나 또
한 비슷한 입장이 되어 바둑과 세계를 함께 의식하게 되었습니다. 바
둑판 위 흑과 백뿐인 바둑은 언어를 초월한 게임입니다. 바둑을 통해
세계의 많은 사람과 이어질 수 있다는 사실을 실감하기 시작했습니다.

다만 아쉬웠던 점은, 내 한국어가 서툰 것을 비난하는 일부 사람들
의 목소리였습니다. 여섯 살에 일본으로 건너가 명인이 되기 위해 필
사적으로 바둑에만 매달려온 나에게는 전혀 예상치 못한 일이었습니
다. 그때 받은 마음의 상처가 완전히 아물기까지는 40년에 가까운 시
간이 걸렸습니다.

## 패를 따낼 차례가 헷갈렸다

사실 이 명인전에서는 바둑사에 남을 또 하나의 '사건'이 일어났습니다. 제4국이 전대미문의 '무승부'가 된 것입니다. 대국의 자세한 내용은 뒤에 나오는 '추억의 기보' 해설을 참고하시면 되는데, 간단히 말하면 내가 팻감을 쓰지 않은 채 패를 따내 버린 것이었습니다. 당시의 관전기에는 이렇게 적혀 있습니다.

> 볼이 붉게 상기된 조치훈이, 바둑판 위를 헤매던 시선을 히코사카(이 대국의 기록자)에게 돌렸다.
>
> "내가 패를 딸 차례인가?"
>
> "네."
>
> 그 대답에 안심한 조치훈은 3의 자리에 패를 다시 따냈다. 그러나 팻감을 쓰는 수순이 빠져있었다.
>
> 오타케가 "어?" 하고 입을 열었다. 대국장에서는 패를 딸 차례가 아니었던 것이 확인되었다.
>
> (아사히신문사 엮음《제5기 명인전 조치훈 대 오오타케 히데오》에서)

이 행위의 반칙 여부가 문제가 되었습니다.

반칙이라면 나의 패배가 되겠지만, 내 입장에서도 할 말이 있었습니다. 60초 초읽기 중에 많은 변화를 읽다 보면 패를 따는 차례를 잊을 때가 있습니다. 그래서 당시에는 기록자에게 이를 묻는 것이 관행으로 허용되었습니다.

나도 순간 차례가 헷갈려 기록자에게 물어본 것이었지만, 경솔했다는 비난은 피할 수 없었습니다. 관계자들이 협의한 결과 다음과 같은 견해가 제시되었습니다.

> 대국자가 기록자에게 패를 따낼 차례를 묻는 것은 규칙 위반이 아니다. 기록자가 '네'라고 답한 것은 사실이며, 따라서 조 8단은 실격이 아니며 제4국은 무승부로 한다.
>
> (같은 출처)

제5국 이후 일본기원은 '기록자는 대국자의 착수에 책임을 지지 않는다'고 명문화하고, 패의 차례 같은 중요한 진행 상황을 '기록자에게 묻는' 관행을 금지했습니다. 또한 대국 당 한 명이던 기록자를 두 명으로 늘려 초읽기 상황에서의 혼란을 줄이도록 했습니다.

이 한 판의 바둑이 이전의 규정을 바꾸고 대국 시스템에 변화를 가져온 것입니다. 오타케 선생도 '무승부' 판정을 흔쾌히 받아들이셨고, 덕분에 제5국 이후에도 아무런 여파 없이 대국에 임할 수 있었습니다. 하지만 이 일은 바둑 팬들 사이에서 여러 논란을 불러일으킨 '사건'이기도 했습니다.

지금 돌이켜보면 '나는 늘 아슬아슬하게 이기는구나' 하는 생각이 듭니다. 상대를 압도하지 못합니다. 행복할 때와 불행할 때의 차이가 너무나 큽니다. 나의 인생 또한 그러했습니다.

## 제5기 명인전 7번기 제4국 (1980년 10월 8, 9일)

● 조치훈 8단　　○ 오타케 히데오 명인 (덤 5집반)

**총보** (1~213)

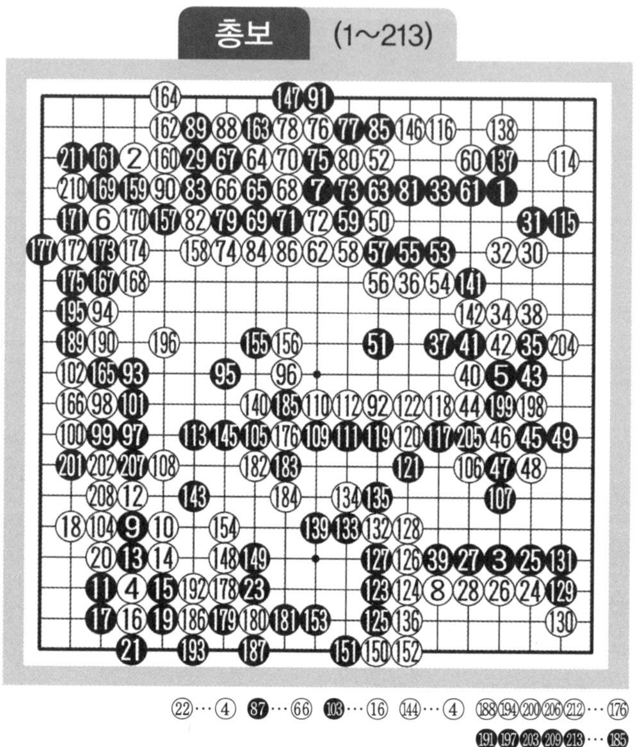



## 전대미문의 무승부

"마지막 장면에서는 내가 경솔했던 것이 틀림없으니, 무승부 판정은 납득할 수 있었습니다. 이 한 판 이후 기록자 관련 규정이 크게 바뀌었으니, 그런 의미에서는 '역사적인 한 판'이라고도 할 수 있겠지요."

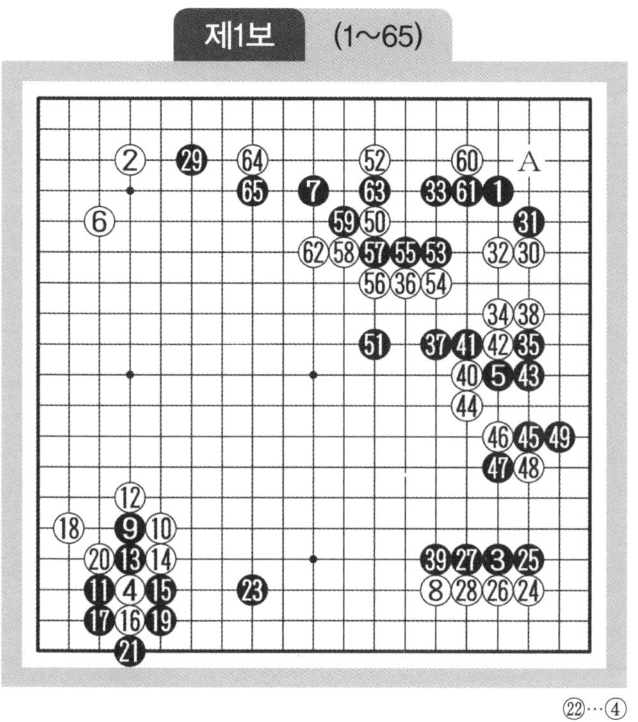


## 싸움을 유도하다

조 도전자가 2연승을 거둔 뒤 오타케 명인이 1승을 만회하고 맞이
한 한 판이다. 조 도전자가 3승 1패로 타이틀 획득에 한발 더 다가설
것인지, 아니면 오타케 명인이 2승 2패로 다시 승부를 원점으로 되
돌릴지가 걸린 중요한 한 판이었다. 두 사람 모두 각오를 다지고 대
국에 임했을 것이다. 조 도전자는 삼연성에 이어 흑7로 사연성을 펼
쳤다. 흑9로 좌하귀에 높게 걸치고, 백10에 대해 흑11로 붙여서 응수
했다. 흑23의 벌림까지는 정석이다. 백은 24로 우하귀 3·3에 뛰어들

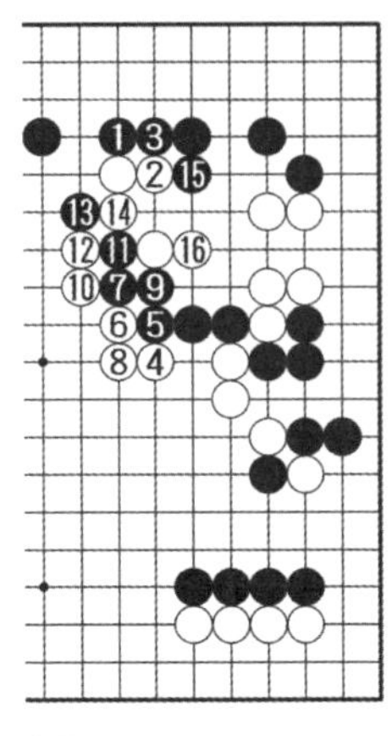

1도

었다. 백28까지 일단락된 뒤 흑은 29로 상변으로 손을 돌렸는데, 현대 바둑에서는 백A의 3·3 침입을 방비하면서 32의 곳 정도로 한 칸 굳히는 것이 보통이다.

백30의 걸침에 흑31로 붙여서 응수한 후, 백38까지는 접바둑에서도 자주 나오는 형태다. 조 도전자는 흑39로 우하귀에 세력을 쌓았지만, 이 수는 51의 곳에 뛰어 백 공격을 노리는 것이 일반적이다. "하지만 선생님은 백이 '건너 붙여 끊는 것'을 유도하고 있습니다." 마쓰모토 8단의 해설이다. 오타케 명인이 백40으로 그 도전에 응하자, 여기서부터 전투가 본격적으로 시작되었다. 흑49까지는 필연적인 진행이지만, 이어진 백50이 "오타케 명인다운 유연한 한 수"라고 마쓰모토 8단은 평가했다. 1도의 흑1로 상변 침입을 막고 싶지만, 백2~4로 씌우는 수를 당하면 백16까지 흑의 요석이 잡혀버린다. 그래서 조 도전자는 흑51로 뛰었고, 백52로 뛰어들었을 때 흑53·55로 백돌을 끊으러 갔다. 백

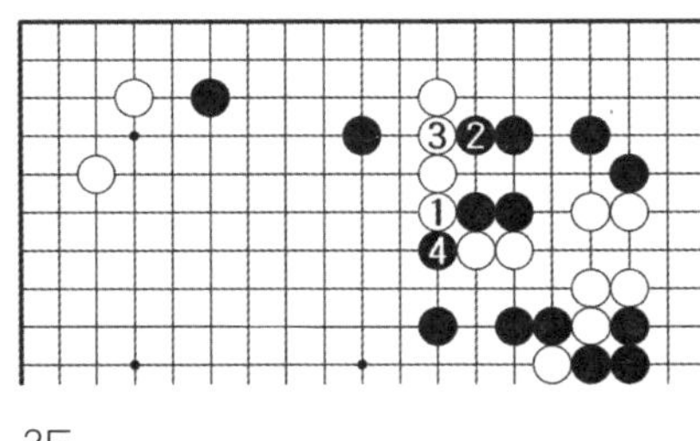

2도

도 56으로 2도 백1처럼 순순히 받았다가는 흑2~4로 우지끈 끊는 수를 당해 곤란해진다. 그래서 백은 58로 한 칸 늦춰 받았고, 흑59로 끊을 때 백60을 활용한 뒤 62로 늘어두었다. 우상귀에는 아직 뒷맛이 남아있어, "백이 나쁘지 않은 형세 아닐까요?"라고 마쓰모토 8단은 평했다.

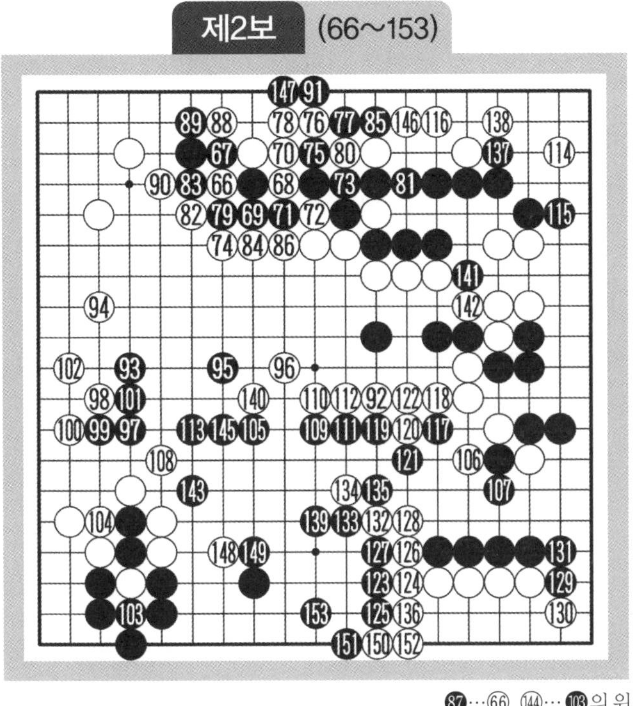



## 백이 약간 앞서며 종반으로

백66으로 젖힌 수에 흑은 67로 끊어 대응했지만, 3도의 흑1~5까지 한 점을 버리고 백 대마를 노리는 작전도 있었다. 백에게 68~72로 끊고 74로 씌워 타개하는 수단이 있었기 때문이다. 이후 흑91까지 상변 백 일단을 사석으로 활용하여 두텁게 세력을 쌓아서는 백이 좋은 흐름으로 보인다. 하지만 흑도 챙겨둔 실리가 있어 형세가 크게 기울었다고 볼 수는 없다.

흑은 93·95로 중앙의 석 점을 버리고 백 진영의 삭감을 도모한다.

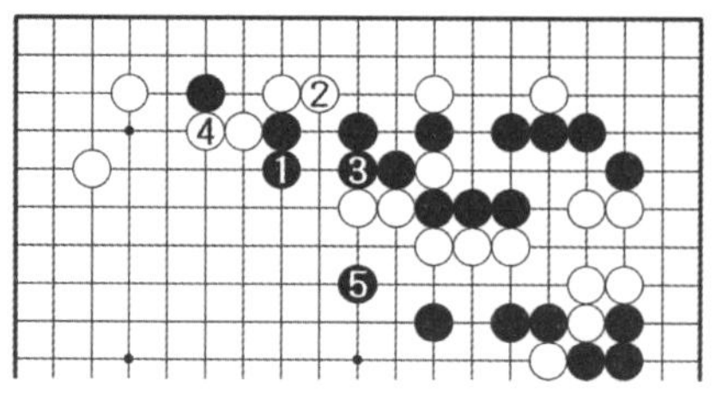

3도

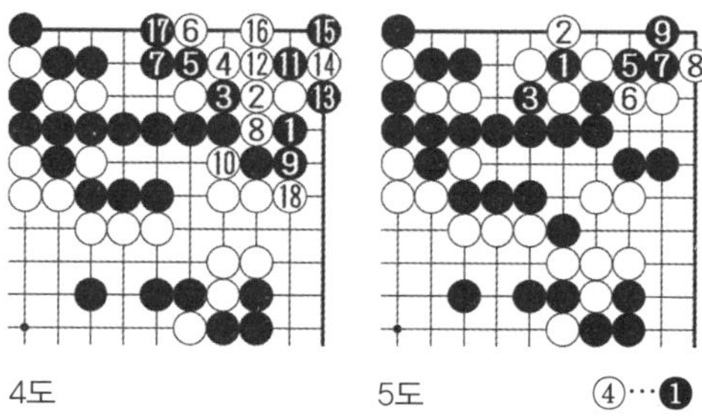

4도　　　　　5도　　　　　④…❶

흑111까지 활용하고 113으로 흑 대마를 안정시켰을 때, 백114로 우상귀에 둔 수가 날카로운 한 수였다.

흑이 4도와 같이 흑1~3으로 잡으러 가더라도 백18까지 패가 난다. 흑115는 어쩔 수 없는 선택이다. 백116으로 우상귀에서 살아서는 백이 주도권을 잡은 모양이다. 백이 기분 좋은 흐름 속에 종반전에 돌입했다. 다만 여기서 흑137로 하나 밀어 백138과 교환해 둔 수가 조 도전자의 좋은 감각이었다. 이대로 방치했다간 5도의 흑1~9까지의 수순으로 이 귀는 패의 형태가 된다. 백은 확실히 살아두기 위해서 146과 흑147의 교환을 할 수밖에 없다. 마쓰모토 8단의 해설을 들어보자.

"이 교환을 강요한 덕분에, 상변 백 일단을 흑이 한 수만 더 두면 잡을 수 있는 형태가 되었습니다. 여기 수상전이 단수 형태가 되어, 좌상 백 진영에 대해 흑이 수를 낼 수 있는 여지가 생겼습니다."

흑이 다른 곳을 두었다면 백은 137 자리에 지켜두는 것이 훌륭한 한 수였다. 백에게 146을 '두게 만든' 것이 다음 장면에서 일어날 변화의 계기가 되었다.

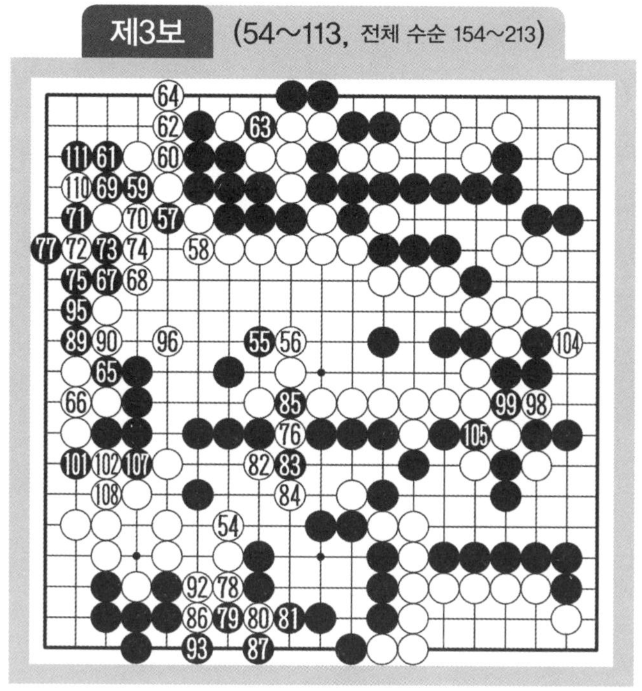



## 역전에서 무승부 판정으로

백54로는 62 자리에 마늘모로 붙여 좌상귀를 지켰어야 했다.

흑은 바로 57~61로 수를 내려 갔다. 67로 붙인 수가 강력해서 "이렇게 되어서는 흑의 흐름"이라고 마쓰모토 8단은 평가했다. 백68로는 70으로 끊는 수가 냉정했다. 이 수를 놓치고 흑이 75까지 좌변에서 살아버려서는 형세가 역전되었다. 백76으로 끼운 수에 대해 응수하지 않고 흑77로 따낸 한 수가 "원래라면 승착"이라고 마쓰모토 8단은 평가하며 다음과 같이 해설을 이어간다. "백은 82·84로 패를 걸었

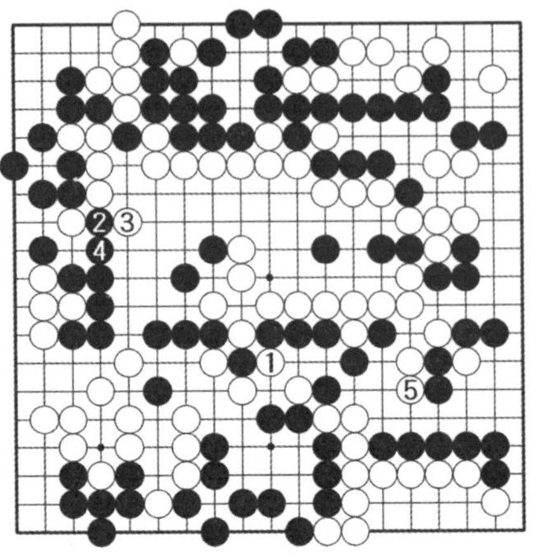

6도

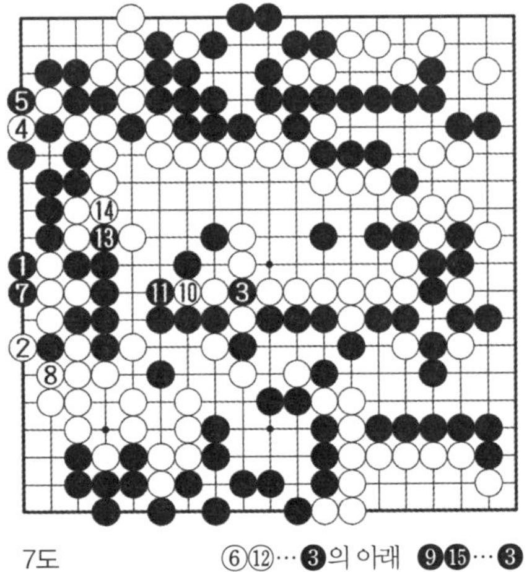

7도 ⑥⑫…❸의 아래 ❾❺…❸

지만, 팻감은 흑이 많아 차이가 더 벌어졌습니다.” 백90으로는 6도 백1처럼 패를 해소했어야 했고, 그랬다면 끝내기 승부가 되었을 것이다.

무승부 판정이 내려진 경위에 대해서는 본문에 자세히 설명되어 있으므로 여기서는 생략한다.

조 도전자가 ‘흑113으로 팻감을 썼다면’이라고 가정한 참고도가 7도이다. 흑15 시점에서 백은 팻감이 없어서, 우상과 우하에 팻감이 남아있는 흑의 승리가 확실했다. 마쓰모토 8단의 총평이다.

“무승부는 아쉽지만, 거기에 이르기까지 두 분 모두 자신의 장점을 충분히 발휘한 한 판이었다고 생각합니다.”

## 후지사와 선생님께 극적인 승리, 대삼관 달성

명인을 차지한 뒤, 나는 더욱 상승 기류를 탔습니다. 1981년에는 다케미야 씨를 꺾고 본인방을 획득했습니다. 역대 네 번째이자 최연소로 명인과 본인방을 동시에 보유한 기사가 된 것입니다. 이어 1982년에는 십단을 획득했습니다.

명인과 본인방을 획득했으니 남은 빅 타이틀은 기성뿐이었습니다. 이 세 타이틀을 동시에 보유하는 '대삼관'을 달성한 기사는 그때까지 아무도 없었습니다. 다행히 그해 최고기사 결정전 결승 3번기에서 가토 씨를 꺾으며, 1983년 1월부터 시작되는 기성전 7번기에 도전할 수 있었습니다.

상대는 후지사와 슈코藤沢秀行 명예기성. 이 기전이 창설된 이래 6연패連覇 중이던, 기성을 상징하는 존재였습니다. 제7기 기성전은 바둑 팬들도 "기다리고 기다렸다"고 말할 정도의 '세기의 대결'이었습니다.

후지사와 슈코 선생을 자세히 소개해 드리겠습니다. 후지사와 명예기성은 1925년 요코하마시 출신입니다. 아버지 시게고로 씨는 주식 투자로 크게 이름을 날렸으며 바둑 3단, 장기 5단, 유도 3단, 검도 3단을 자랑하던 '요코하마의 시게고로'라 불린 호쾌한 인물이었습니다. 후지사와 선생 본인도 술과 도박, 자유분방한 여자관계 등에서 알 수 있듯이 호방하고 자유로운 분이었으니, 그 점에서는 역시 아버지를 닮았다고 할 수 있겠네요. 기사로서의 후지사와 선생은 후쿠다 마사요시福田正義 8단 문하로 1940년에 입단하셨습니다. 종전 직후 야마베 토시로山部俊郎 선생, 카지와라 타케오梶原武雄 선생과 함께 '전후 세대 트로이카'로 주목받으며 최일선에 등장한 이후, 오랫동안 최정상급 기사로 활약했습니다. 특히 유명한 것은 '초반 50수까지는 일본 최고'라는 말까지 들을 만큼 화려하고 중후한 포석 감각입니다. 제1기 명인(구舊 명인전), 제1기 기성 등 새로 창설된 타이틀전에 강해 '첫 타이틀의 후지사와'라고 불리기도 했으며, 총 14회의 7대 타이틀을 획득했습니다. 젊은 기사 육성에도 열정적이어서 일본뿐만 아니라 한국과 중국의 기사들도 열심히 지도하였습니다.

나 역시 10대 시절, 도쿄 요요기에 있던 후지사와 선생의 사무실에 거의 매일 드나들었습니다. 선생의 사무실은 기사들의 양산박 같아서 린 선생이나 가토 씨 등 여러 기사가 모여 속기 바둑을 두거나 대국을 검토하곤 했습니다. 나도 거기에 끼워주셔서 여러모로 많이 배울 수 있었습니다.

아직도 기억나는 것은 저녁에 모두가 돌아간 뒤 묵묵히 바둑판을 닦고 사무실을 청소하시던 선생의 모습입니다. 거칠고 자유분방한 이미지가 강한 후지사와 선생이지만, 내면에는 바둑에 대한 깊은 애정과 성실한 마음이 있었습니다. 정이 많은 분이기도 했습니다. 내가 선생님 댁에 방문했다가 돌아가려 하면 "치훈 군, 너무 늦었으니 역까지 바래다줄게"라고 말씀하시곤 했습니다. 함께 바둑 이야기를 나누며 역에 도착하면 벌써 날이 어두워져 있습니다. 그러면 이번에는 "선생님, 위험하니까요" 하며 다시 사무실까지 모셔다드렸습니다. 사무실에 도착하면 선생께서는 다시 "치훈아, 또 놀러 와라" 하시며 또 역까지 바래다주시는 것이었습니다. 그런 왕복이 몇 번이나 반복되곤 했습니다. 속마음은 외로움을 잘 타는 분이셨지요. 나는 선생의 등 뒤에는 어딘가 '슬픔'과 '우수'가 있다고 느꼈습니다.

만약 사카다 선생이었다면,

"이제 가보겠습니다."

"아, 그래. 하하하, 또 와."

하는 식이었을 겁니다. 사카다와 후지사와, 바둑계 쌍벽으로 언급되는 두 분이지만 성격은 이처럼 대조적이었습니다. 후지사와 선생의 다정한 성품은 인간적으로 훌륭했지만, 언젠가부터 나는 그것을 조금 '부담스럽게' 느끼게 되었습니다. 굳이 말하자면 사카다 선생 쪽이 더 편하게 지낼 수 있는 분이었습니다. 그래서 사카다 선생의 말년에는 선생과의 교류가 더 많았습니다.

'대삼관' 도전을 앞두고 나는 결의를 굳게 다지고 있었고, 후지사와 선생도 이 7번기를 기대하고 계셨습니다.

도전이 결정된 후 선생은 다음과 같이 말씀하셨습니다. "기다리고 기다렸던 연인을 드디어 만난 기분이다. 아직은 질 것 같지 않다."

선생에게도 '예藝의 후지사와'로서 예술적인 바둑의 집대성을 보여줄 중요한 승부였던 것입니다.

7번기는 의외의 전개로 흘러갔습니다. 내가 갑자기 3연패連敗를 당한 것입니다. 그야말로 '천하의 후지사와'다운 면모가 유감없이 드러난 대국들이었습니다.

'이대로 진다면 지금까지 해온 모든 것이 아무 의미가 없어진다'는 필사적인 마음으로 제4국에 임했습니다. 먼저 실리를 챙기는 '나의 바둑'으로 일관했고. 접전 끝에 이 바둑을 이기면서 흐름이 바뀌었습니다.

결과는 3연패 뒤 4연승. 극적인 상황으로 대삼관을 달성했습니다. 제5국과 최종국도 중반까지는 내가 불리한 바둑이었으나, 인내하며 끝까지 나 자신을 믿고 두었습니다. 다만 내게는 약한 내 바둑을 다시 한번 깨닫게 한 시리즈였습니다. 승리의 여신이 나에게 미소 지어

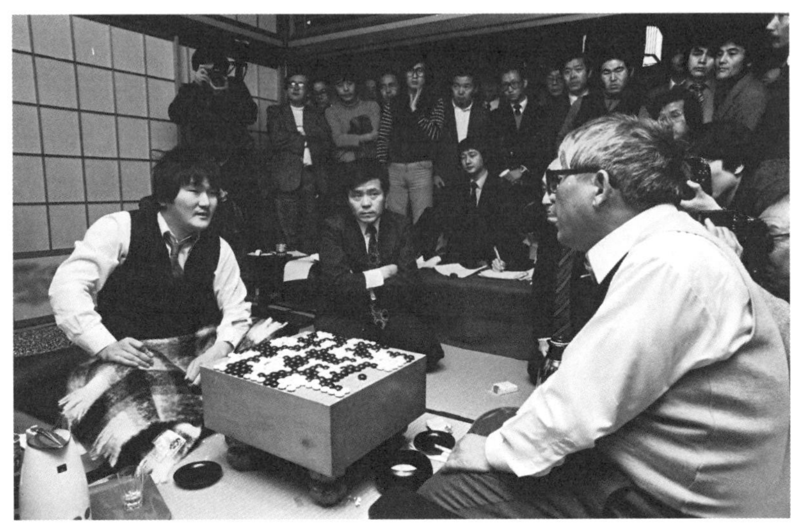

3승 3패에서 맞이한 제7기 기성전 최종국, 후지사와 기성(오른쪽)을 무너뜨렸다.

주었을 뿐입니다. 후지사와 선생은 국후 술잔을 기울이며 "제대로 공부해라"고 말씀하셨고, 나는 아직 갈 길이 멀다는 것을 절실히 느꼈습니다. 후지사와 선생은 이 직후 위암 진단을 받고 수술을 받으셨습니다. 선생은 몸과 마음 모두 한계에 가까운 상태에서 싸우고 계셨던 겁니다. 그런 모든 점을 포함해 이때의 기성전은 특별한 의미로 마음 깊이 새겨져 있습니다.

### 짧았던 대삼관, 떠오르는 고이치 씨

후지사와 선생과의 격전 직후인 1983년 5월, 나는 지바시 미도리구 도케로 이사했습니다. 그전까지 살던 기사라즈에서 장남 쿠라마도 태어나 매일 행복했지만, 한 가지 문제가 있었습니다.

집에서 JR역까지 거리가 5km 정도였는데 도로가 좁아 평소 10분이면 갈 거리를 출퇴근 시간에는 30~40분씩 걸리곤 했습니다.

대국이 있는 날은 아침 7시쯤 특급 열차를 타고 도쿄로 가야 했는데 시간을 예측하기가 어려웠습니다. 그래서 '이건 안 되겠다' 싶어 도쿄 시내에 아파트를 빌리거나 맨션을 구입해 대국이 늦게 끝날 때엔 거기서 묵곤 했습니다. 가족들은 계속 기사라즈에 있었기에 나는 도쿄와 기사라즈를 오가며 지내야 했습니다.

'좋은 곳이 없을까' 하고 찾고 있던 차에 지인의 소개로 찾은 곳이 주택지로 개발 중이던 도케였습니다. 지금도 살고 있는 우리 집은 과장이 아니라 역까지 걸어서 2~3분 거리입니다. 가까운 점이 마음에 들어 바로 결정했습니다.

도케에서는 집 근처에 땅을 사서 바둑 살롱을 만들었습니다. 바로 근처에 집을 한 채 더 지어 장인, 장모님도 모셨습니다. 당시에는 경제적으로 어느 정도 여유가 있던 시기였거든요. 장모님은 바둑 살롱의 '간판'이 되어 손님들과 사이좋게 지내셨습니다.

하지만 이때의 대삼관은 불과 4개월 만에 끝났습니다. 본인방전에서 린하이펑 선생에게 '3연승 뒤 4연패'를 당했기 때문입니다. 바둑 타이틀전 7번기에서 3연패 뒤 4연승을 기록한 기사는 린하이펑 선생(2회), 나(3회), 하네 나오키羽根直樹 9단(1회)까지 세 사람뿐입니다. 나는 이 기록을 달성한 지 1년도 채 되지 않아 이번에는 '피해자'가 된 것입니다. 쇼기계에도 없는 진귀한 기록을 만들어 버렸습니다. 또 하나의 빅 타이틀인 명인전에서는 1984년에 5연패를 달성하며 명예 명인 자격을 얻었으나, 이듬해인 1985년에는 고이치 씨에게 3승 4패로 패하며 타이틀을 내주었습니다. 남은 것은 기성 하나뿐인 상황에 몰리고 말았습니다.

바로 이 무렵, 어릴 때부터 라이벌이었던 고이치 씨가 무서운 기세로 실력을 키우고 있었습니다. 타이틀 경쟁에서는 내가 앞서 있었지만, 점점 따라잡히더니 추월당하기 시작한 것입니다. 1986년 새해부터 시작된 기성전 7번기 역시 명인·십단·천원 3관을 보유한 고이치 씨와 나의 대결이 되었습니다.

## 제7기 기성전 7번기 제4국 (1983년 2월 16,17일)

● 조치훈 명인     ○ 후지사와 슈코 기성 (덤 5집반)

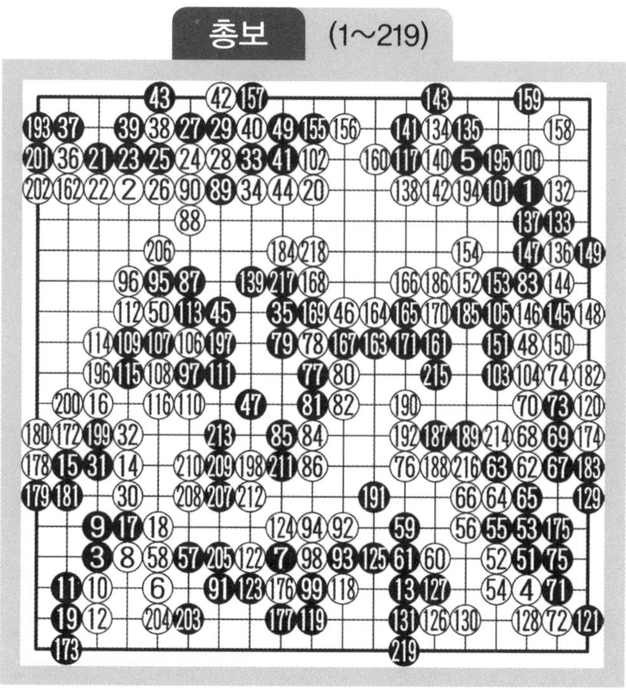


### 대역전을 향한 첫걸음

"'이길 수 있다'는 자신감을 갖고 7번기에 나섰는데, 3연패 후 정신이 번쩍 들었습니다. 명인이 한 판도 못 이긴다는 것은 면목 없는 일이지요. 이젠 '할 수밖에 없다'는 마음뿐이었습니다. 오직 내 바둑을 두는 데에만 전념한 결과, 내용 면에서도 만족스럽게 둘 수 있었습니다."

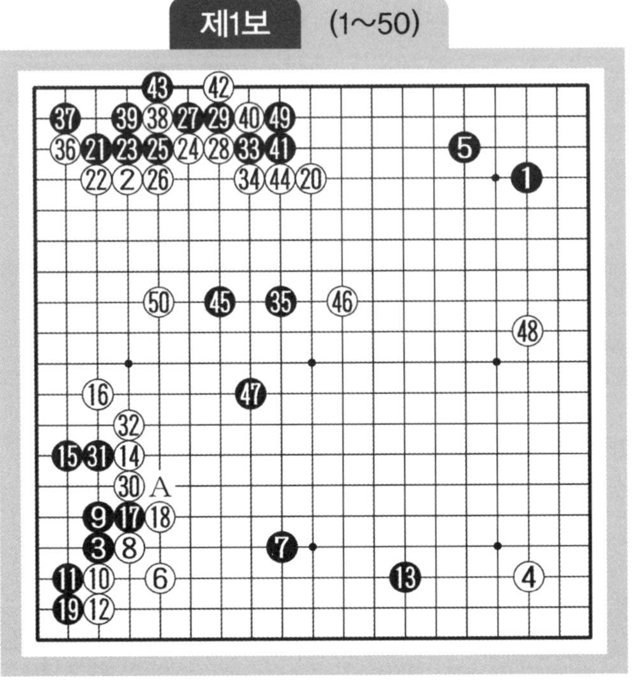

## 실리와 두터움, 서로의 취향으로 짜인 포석

조 명인이 3연패 뒤 맞이한 한 판이다. 흑은 1·3의 대각선 소목을, 백을 쥔 후지사와 기성은 화점과 3·3을 선택했다. 백6의 날일자 걸침에 흑7로 넓게 협공했다. 백8~12까지 모양을 갖춘 뒤 둔 흑13이 "선생님다운 발 빠른 수법"이라고 마쓰모토 8단은 평했다.

1도처럼 흑1로 두 칸 벌리고 백10까지 진행되는 것이 일반적이다.

"선생님은 흑19로 막는 자세에 매력을 느꼈을지도 모르겠네요."

자기 진영을 확실히 지켜둔 뒤 흑A로 젖혀 나가는 수를 노린다.

'이래도 한 판의 바둑'이라는 판단에서 사뭇 '조치훈의 바둑'다운 색깔이 드러난다. 백 20으로 상변에 전개한 수에 대해 "요즘이라면 백24로 굳혔을 것"이라고 마쓰모토 8단은 말했다.

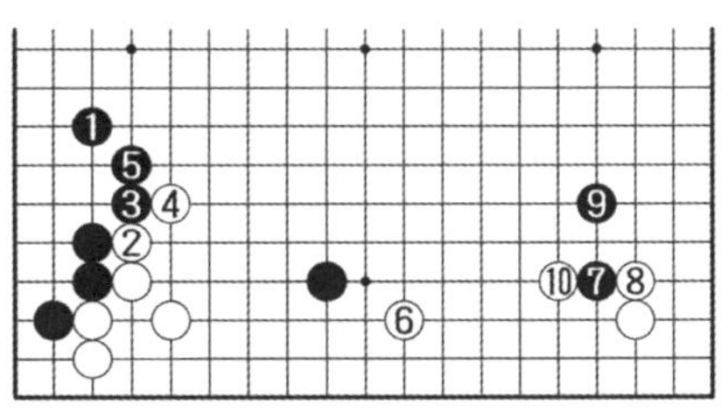

1도

당시에도 '그게 더 나았을지 모른다'라는 감상이 있었다. 백이 귀를 굳히지 않았기 때문에 흑21의 3·3 침입은 당연한 수였다. 백은 24의 날일

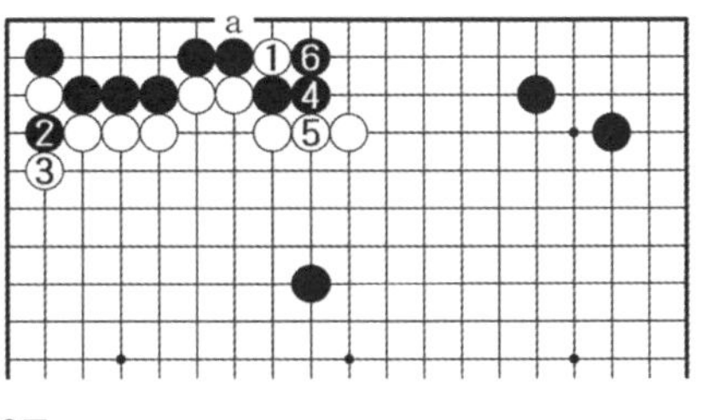

2도

자 행마로 선수를 잡고 30·32로 좌변에 손을 돌렸다. 그야말로 후지사와 기성다운 두터운 수법이다. 흑은 33으로 상변을 하나 젖혀두고 35로 백 모양을 삭감하러 갔다. 이에 백이 36으로 젖히고 38로 끊어간 수는 "좋고 나쁘고를 떠나 대단한 수"라고 마쓰모토 8단은 평했다. 여길 끊지 않고 2도 백1로 끊으면 곧바로 흑2, 백3이 교환되어 백a로 젖히는 수가 듣지 않는다. 실전의 상변은 활로가 막히면 패의 뒷맛이 남는다. "발상은 이해가 가지만, 손해를 먼저 보는 수이기 때문에 실제로 두는데는 용기가 필요합니다."

백50까지 좌상에서의 절충은 일단락되었다. 흑이 실리로 앞선 가운데 백은 두텁게 버티면서 중후반의 반격에 기대를 건다. 조 명인과 후지사와 기성 모두 자신 있어 하는 형태의 바둑이다.

"조금은 흑이 기분 좋은 흐름 아닐까요?" 마쓰모토 8단의 평이다.

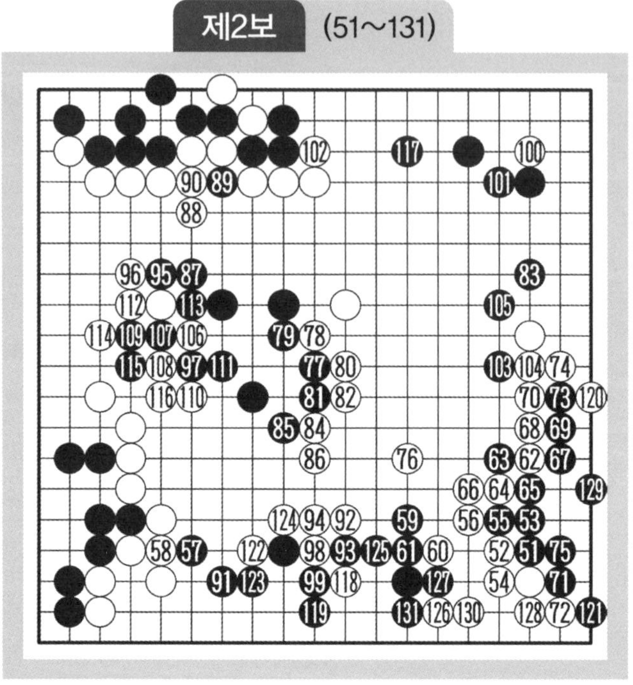



## 곳곳에서 물러서지 않고 싸우다

흑51의 붙임은 당시 화제가 되었던 수였다. 흑53으로 걸치는 정도가 보통의 감각이다. 백52·54에 흑55로 꼬부리고, 백56의 젖힘에 흑59로 한 칸 뛴 것에 대해 마쓰모토 8단은 "우변과 하변 모두 적극적으로 버티려는 수"라고 말했다.

"3도 흑1의 두 칸 벌림이 보통이며, 이후 흑13 정도까지가 예상 수순인데, 흑은 이것으로도 충분했다고 생각합니다."

백62로 압박하자 흑은 75까지 우변에서 살 수밖에 없었다.

"이 결과는 흑이 조금 재미 없지 않을까요?"

백78~82의 조여붙이기에 대해 흑은 83으로 두 칸 벌려 최대한 버틴다. 두터움을 이용한 백의 공세가 위협적이지만, 흑도 곳곳에서 최대한 버티며 한 치도 물러서지 않는다. 마쓰모토 8단은 미세한 형세라고 말한다.

중앙을 압박한 뒤 백100으로 우상귀에 하나 붙여놓고 102로 꼬부린 수가 "후지사와 기성다운 한 수"라는 평이다. 4도 백a의 패를 노리면서

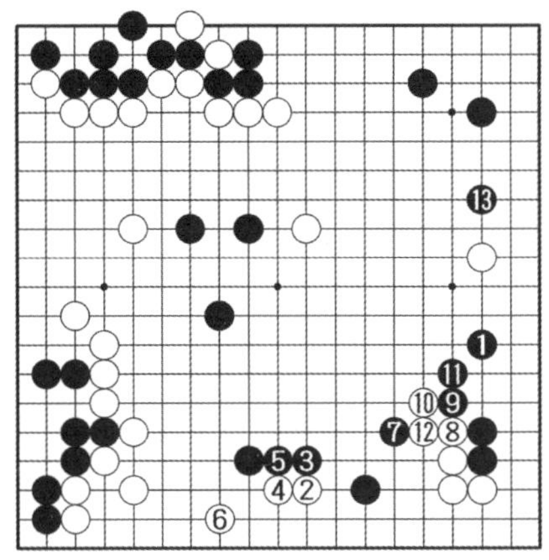

3도

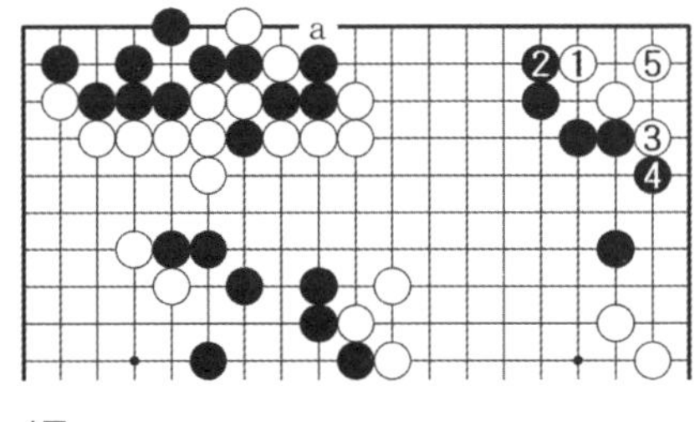

4도

우상에서 백1~5로 움직이는 수를 노리고 있는 것이다. 느슨한 수를 둔 것 같아도 전혀 느리지 않다.

바둑은 이미 끝내기에 접어들었다. 흑131까지는 "이렇게 진행될 자리"라고 마쓰모토 8단은 말했다. 실리로 앞서고 있는 흑이지만, 백은 중앙 흑 대마의 안형을 노리면서 지그시 몰아붙이고 있다. 바야흐로 승부처를 맞이한다.

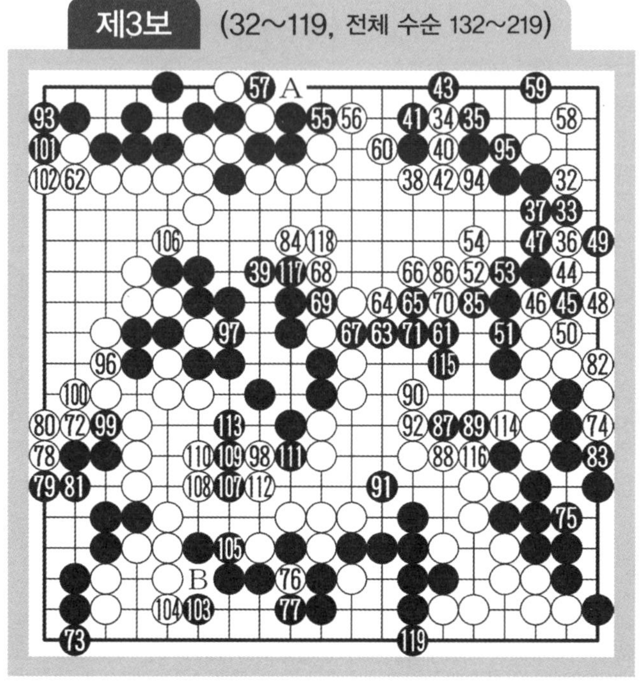

219수 끝, 흑 불계승

## 끝내기에서 앞서며 1승을 만회하다

백은 두터움을 어떻게 활용할 것인가. 그것이 구체적으로 드러난 것이 백38로 붙인 수였다. 5도 흑1로 받았다가는 백2 이하의 맹공으로 흑 대마의 안형이 없어지게 된다. 흑39로 받는 것은 어쩔 수 없었다.

백42까지 중앙의 두터움을 더 쌓은 뒤 백은 44로 36의 한 점을 살렸지만, "여기서는 6도 백1로 중앙 집을 중시하는 편이 좋았습니다" 라고 마쓰모토 8단은 말했다. 흑은 45로 젖히고 49까지 정리한 뒤 51로 이었다. 이로 인해 백 좌중앙의 모양이 지워진 것이 커서, 그 결

과 흑이 근소하게 앞서게 되
었다.

흑은 55·57로 백A의 성가
신 패의 뒷맛을 제거했다. 백
58은 귀의 백돌을 놓고 따게
하려는 한 수였지만, 흑69까
지 우변과 중앙의 대마가 연
결되어서는 여러 노림수가
사라지고 말았다. 마지막

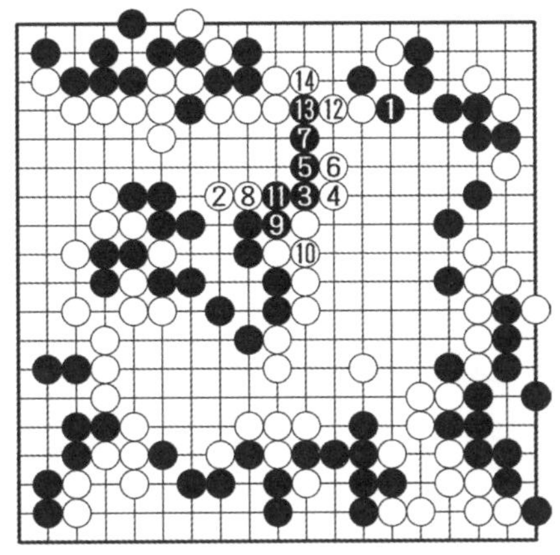

5도

결정타는 흑103으로 마늘모하고 105로 꽉 이
어둔 수였다. 백은 104로 105 자리에 두고, 흑
104로 둘 때 백B로 한 점을 끊어먹었다면 "형
세는 좀 더 미세했을 것"이라고 한다. 이후 후
지사와 기성이 돌을 던졌을 때는 반면 8집 정
도의 차이였다.

"양쪽 모두 악수라고 할 만한 수가 거의 없
었던, 서로 한 치의 양보도 없는 명국이었습니
다." 마쓰모토 8단의 총평이다. 양측이 전력을

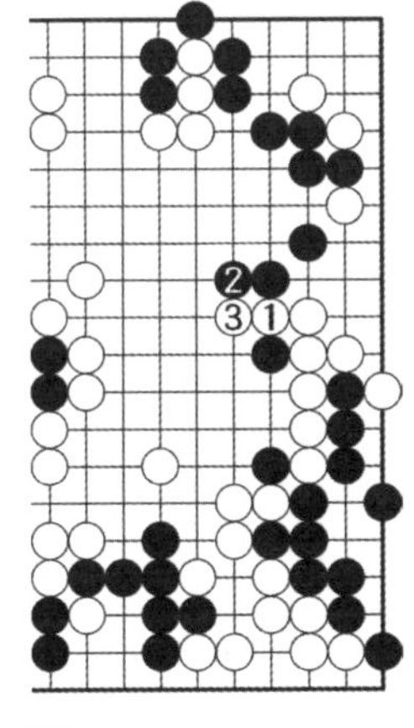

6도

다한 한 판에서 승리한 조 명인은, 여기서부터 역사에 남을 대역전극
을 펼치게 된다.

## 무슨 일이 있어도 둔다

1986년 1월 6일, 자정이 되기 직전의 일이었습니다. 도쿄 메구로의 맨션에서 기성전 7번기에 대비한 공부를 하고 있던 나는, 메구로역 근처에 있는 소바집에 가려고 했습니다. 출출하긴 했지만, 자고 있던 아내를 깨워 야식을 만들어달라고 하는 것이 좀 내키지 않았어요.

맨션 주차장에서 차를 꺼내려고 할 때였습니다. 오른쪽에서 오던 오토바이가 내 차를 피하려다 넘어지고 말았습니다. 다행히 청년은 다치지 않았지만 그대로 둘 수는 없었습니다. 둘이서 오토바이를 일으켜 세우려던 순간, 뒤에서 달려오던 차가 오토바이와 나를 들이받았습니다.

전신 골절로 전치 3개월의 중상을 입었습니다. 응급실로 실려 갔고, 즉시 수술이 필요한 상태였습니다.

그때 내가 "바둑 두는 데 영향이 있으면 곤란하니 전신 마취는 하지 말아 달라"고 말했다는 일화가 전해지는데, 사실 그것은 쇼기 기성棋聖인 요네나가 구니오 선생이 지어낸 이야기입니다. 당시 나는 너무 아파서 그런 말을 할 여유가 없었습니다. 뭐, 에피소드치고는 꽤 '멋있어서' 굳이 부정하지는 않았습니다만. 요네나가 기성(1943~2012)은 야마나시현 출신으로 사세 유지 명예 9단 문하입니다. 통산 타이틀 획득 수는 19회로, 나카하라 마코토 16세世 명인 등과 수많은 명승부를 남기셨지요. 후지사와 선생과도 친분이 깊으셨으며, 일본기원에서 8단을 추서했을 정도로 바둑 실력 또한 뛰어난 분이었습니다.

다행히 바둑을 두는 데 필요한 머리와 돌을 쥐는 오른손만은 기적적으로 다치지 않았기 때문에 16, 17일에 열릴 제10기 기성전 7번기 제1국은 무슨 일이 있어도 두고 싶었습니다. 일본기원과 주최사인 요미우리신문사 측에서도 "대국을 연기하는 것이 어떻겠느냐"고 제안했지만, 타이틀전 일정은 오래전부터 정해져 있는 것이고, 기사에게는 '무슨 일이 있어도 둔다'는 것이 원칙입니다. 당시 나에게 '두지 않는다'는 선택지는 없었습니다. 다만 다리가 골절되었기 때문에 정좌正座는 할 수 없었습니다. 내가 의자에 앉아 두길 희망하자, 대국 상대인 고이치 씨도 양해해 주었습니다.

그렇다고 해도 휠체어로 겨우 이동할 수 있는 상태였습니다. 대중교통은 도저히 이용할 수 없었기 때문에 요미우리신문사의 전용기로 이동했고, 주치의와 아내가 동행한 가운데 제1국에 임했습니다.

교통사고를 당한 지 겨우 열흘 뒤였습니다. 과연 어떤 바둑을 둘 수 있을까. 주변 사람들뿐만 아니라 나 자신도 불안한 마음이 있었습니다. 결과는 흑번인 내가 2집반을 졌지만, 이틀걸이 바둑을 무사히 둘 수 있어서 안심이 되었습니다. 제2국의 관전기에는 아내 교코의 이런 인터뷰가 실려 있습니다.

제1국만큼은 정말 쉬었으면 좋겠다고 생각했습니다. 의사 선생님도 바둑 둘 수 있는 상태가 아니라고 하셨고…. 그런데 대국을 마치고 나니 갑자기 활기를 되찾는 걸 보고, '이 사람은 역시 바둑을 두기 위해 태어난 사람이구나'라고 생각했습니다. 지금은 제1국을 둔 것이 정말 잘한 일이라고 생각합니다.

(요미우리신문사 엮음《제10기 기성결정 7번승부 격투보》에서)

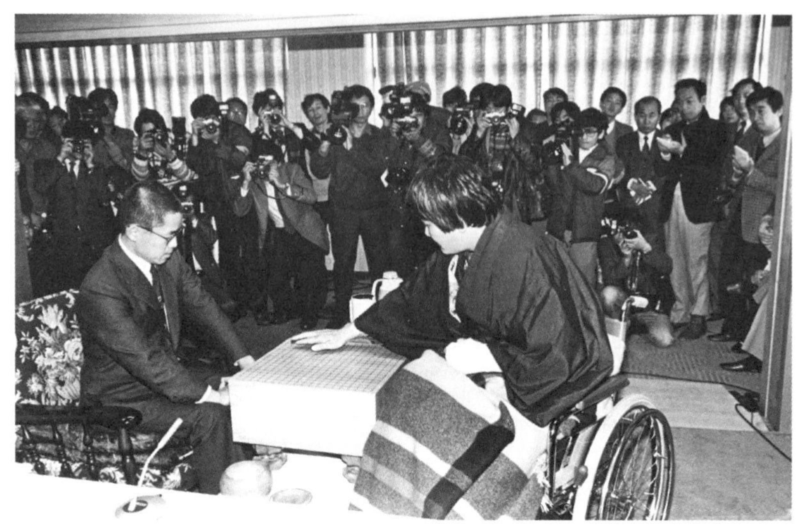

제10기 기성전 제1국. 휠체어에 앉아 고바야시 도전자(왼쪽)와의 대국에 임했다.

제2국과 제3국은 내가 이겼습니다. '큰 사고를 당한 사람이 두고 있다고는 믿기지 않는다'며 주변에서도 놀라워했습니다. 하지만 가장 놀란 사람은 고이치 씨였을 것입니다. 내 몸 상태를 걱정해주고 있었는데, 평소와 다름없기는커녕… 아니, 평소보다 더 강했으니까요. 제3국이 끝난 뒤, 고이치 씨에게서 이런 요청이 있었습니다.

"의자에서 두니까 감이 떨어지네요. 다다미에서 대국하게 해주세요."

그 이야기를 들었을 때, 나는 놀람과 동시에 감탄했습니다.

'정말 솔직한 사람이구나.'

확실히 기타니 도장에서 자란 우리는 어릴 때부터 정좌로 대국하는 것이 익숙했습니다. 휠체어에 앉아있는 나조차 실은 '다다미에서 두는 게 더 편한데'라고 생각했을 정도니까요. 하지만 '내가 반대 입장이었다면 나는 절대로 못 했을 말'이라는 생각이 들었어요. "다친 사람에 대한 배려가 없다"고 비난받을 수도 있잖아요. '아, 이 사람은 마음속에 있는 것을 전부 말할 수 있는 사람이구나' 정말 그렇게 생각했습니다.

그때까지 고이치 씨와는 별로 사이가 좋지 않았어요. 물론 바둑판 위에서의 라이벌이라는 점도 있었지만, 그의 사고방식을 나는 이해할 수 없었습니다. 나는 일상생활에서도 그렇고 뭐든지 비관적으로 생각하는 편이라 속마음을 좀처럼 입 밖으로 꺼내지 못합니다. 아무래도 주변의 시선을 신경 쓰게 되죠. 그런데 고이치 씨는 낙관적이고, 바둑이든 뭐든 자신이 믿는 것을 솔직하게 말로 표현합니다. 서로 정반대의 성격인 거죠. 전에는 그를 어떻게 이해해야 할지 몰라서 마음으로는 받아들이지 못했는데, 그때 그 말을 듣고 '아, 고이치 씨는 이런 사람이구나' 하고 제대로 이해하게 되었습니다. 내가 절대로 말할 수 없는 것도 고이치 씨는 딱 잘라 말할 수 있었지요. 그때 이후로 나는 고이치 씨에게 존경심을 갖게 되었습니다.

제4국에서 나는 휠체어에서, 고이치 씨는 '감방의 우두머리'처럼 다다미 몇 장을 겹쳐 놓고 그 위에 앉아 대국했습니다. 제5국과 제6국에서는 나도 휠체어에서 내려와 책상다리를 하고 대국해 보았는데, 의외로 자연스럽게 둘 수 있었습니다. 하지만 7번기는 결국 2승 4패로 졌습니다. 나는 무관이 되었지만, 그것이 사고 때문이라고는 생각하지 않습니다. 전에도 말씀드렸듯이 그 무렵 고이치 씨는 절정의 컨디션이었고, 나는 다소 정체기였기 때문입니다.

7번기 기간 중 응급실을 나와 오랫동안 입원했던 곳은 도쿄 시나노초에 있는 게이오 병원이었습니다. 이때만큼 여러 사람의 고마움을 느낀 적은 없었습니다. 어릴 때부터 신세를 졌던 롯데의 신격호

회장님은 병원으로 급히 달려와 "무슨 일이 생기면 전부 내가 책임지겠다"라고 병원에 말씀해 주셨습니다. 다행히 입원비 등은 모두 사고 낸 사람이 부담했기 때문에 신 회장님께 '무슨 일'을 부탁하는 일은 없었습니다만….

우칭위안 선생님은 "영양을 보충하라"며 달걀을 가져다주셨습니다. 아내 교코와 함께 보내는 시간도 늘었습니다. 대국에 집중하고 매일 바쁘게 지낼 때는 없었던 일이었습니다.

요미우리신문사의 전용기로 이동할 때는 조종사가 일반 항로에서 조금 벗어나 후지산의 분화구를 보여주기도 했습니다. 사고를 당한 것은 불행한 일이었지만, 그 덕분에 평소라면 체험할 수 없는 일, 좀처럼 할 수 없는 경험을 했습니다. 무관이 된 나는, 처음부터 다시 시작하겠다고 다짐했습니다.

## 제10기 기성전 7번기 제2국 (1986년 1월 29, 30일)

● 고바야시 고이치 명인     ○ 조치훈 기성 (덤 5집반)

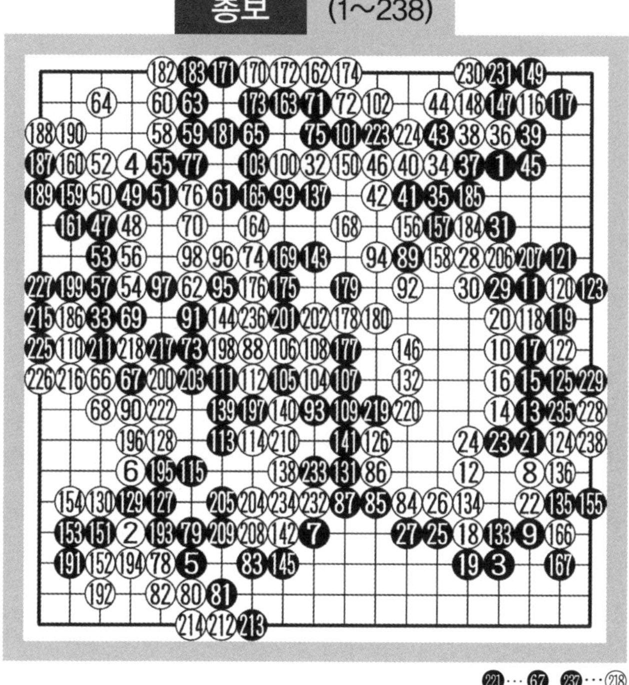



**휠체어에서 대국**

"좌하귀 백78로 마늘모 붙임에 이어 80·82로 젖혀 이으면서 '이 바둑은 이길 수 있겠구나'라고 생각했던 기억이 납니다. 교통사고 이후 두 번째 대국인데도 내용적으로는 아주 잘 두었네요. 잡념이 없고 어깨의 힘이 자연스럽게 빠져있는 느낌이 듭니다."

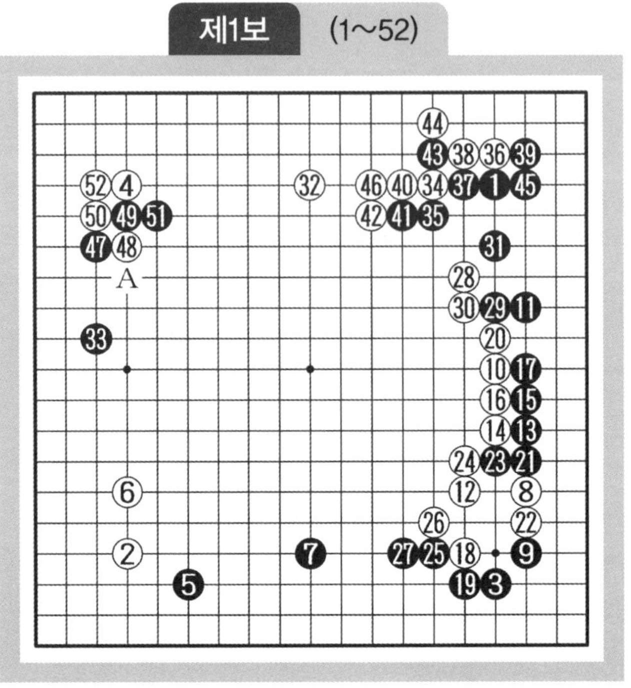

## 우상귀에서 한 건 하다

추억의 기보 제6국부터 제10국까지의 해설은 쓰루야마 아쓰시鶴山
淳志 8단에게 부탁했다. 이 바둑은 교통사고로 전신 골절상을 입은 지
한 달도 채 지나지 않아 열린 기성전 제2국이다.

대국장은 마쓰에시에 있는 '미나미칸'이다. 흑1~7은 추억의 '고바
야시류' 포석이다. 백8의 눈목자 걸침은 당시 '고바야시류'에 대한 상
식적인 대응이었다. 흑9에서 백12까지 진행된 뒤, "흑13으로 바로 뛰
어들어 실리를 취하는 것도 고바야시 명인다운 수법입니다"라고 쓰

루야마 8단은 평했다. 흑 27까지는 "이렇게 될 자리"라고 덧붙였다. 이 바둑이 요동치기 시작한 것은 흑35로 붙여나간 수부터였다. "이 수가 문제였을지도 모릅니다."

고바야시 명인이 노린 것은 1도의 진행이었다.

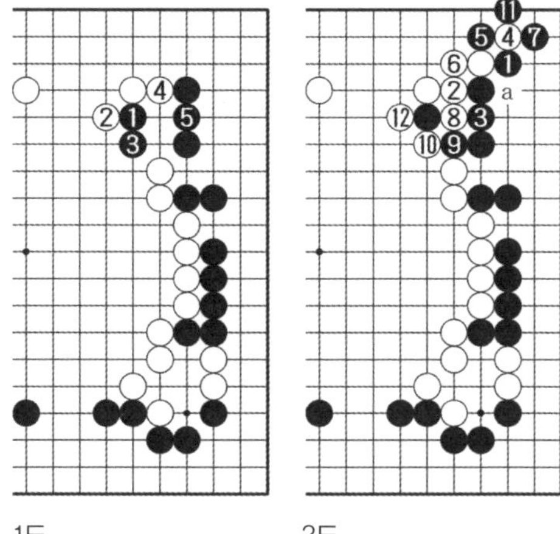

1도        2도

상변과 우변 백을 갈라놓는 것이 목적이었다. 이를 간파한 조 기성의 백36이 기민했다. 2도의 흑1로 젖히면, 2를 선수하고 4로 이단젖힘을 한다. 흑이 5·7로 한 점을 끊어먹으면, 백8·10으로 끊는 수가 강력하다. a의 약점이 있어 흑은 11로 따내야 하며, 백도 12로 따내면 상변에서 우변에 걸친 두터움이 상당하다. 이렇게 되면 흑은 도대체 무엇을 한 것인지 모를 지경이 된다. 따라서 흑으로서는 37 이하의 진행은 어쩔 수 없다. 결과적으로 백46까지의 결과는 1도와 비교했을 때 백이 확실히 잘된 형태다. 이 장면에서 백이 한 건 한 셈이다.

그렇다고 해도 바둑은 아직 끝나지 않았다. 고바야시 명인은 마음을 가다듬고 좌상귀로 향한다. 백48의 붙임에 대해 흑이 49로 끼워간 것은 "이렇게 두고 싶은 곳"이라는 쓰루야마 8단의 평이다.

"흑A로 젖히면 백50으로 막을 겁니다. 이 변화는 흑으로서 별로 재미없는 진행이겠지요."

축이 유리한 백은 당연하게도 50으로 아래쪽에서 끊었다. 흑51로 뻗고 백52로 이은 것은 누구라도 이렇게 둘 자리다.

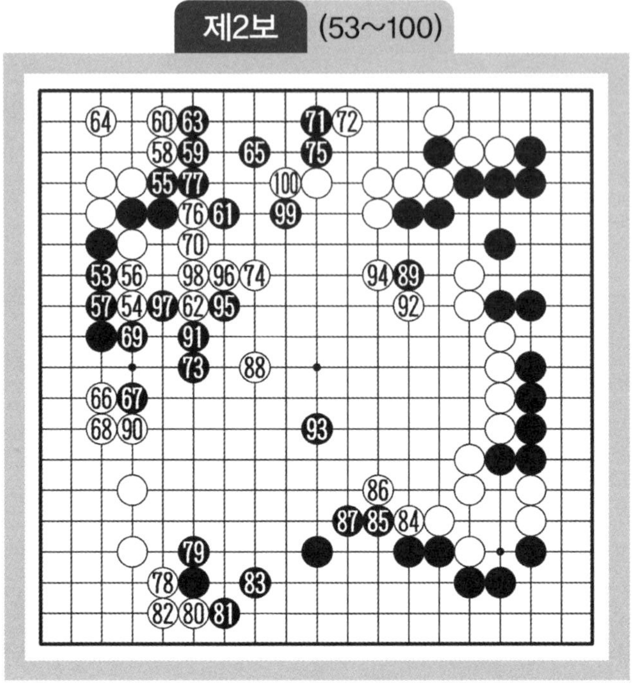



## '우세를 의식'한 젖혀 잇기

흑53으로는 원래라면 3도 흑a로 뻗고 싶은 곳이지만, 고바야시 명인은 싸움을 피하고 싶었는지 ⬥쪽으로 물러섰다.

흑이 자중했으니 백도 3도 백1로 상변을 지키면 충분한 형세라고 쓰루야마 8단은 말했지만, 조 기성이 선택한 것은 백54의 치열한 한 수였다.

"정말 선생님다운, 전투를 중시하는 수입니다."

백66으로 다가선 수가 절호점으로, 좌변 흑을 위협하면서 중앙 백

을 보강한다. 중앙 백이 안
정되면 상변 흑 대마도 안심
할 수 없다. 전체적으로 백
이 주도하는 흐름이다.

78의 한 수에 "도저히 다
친 사람이 두는 수라고는 생
각되지 않는다"라는 감탄이
검토실에서 터져 나왔다고
당시 관전기에는 기록되어

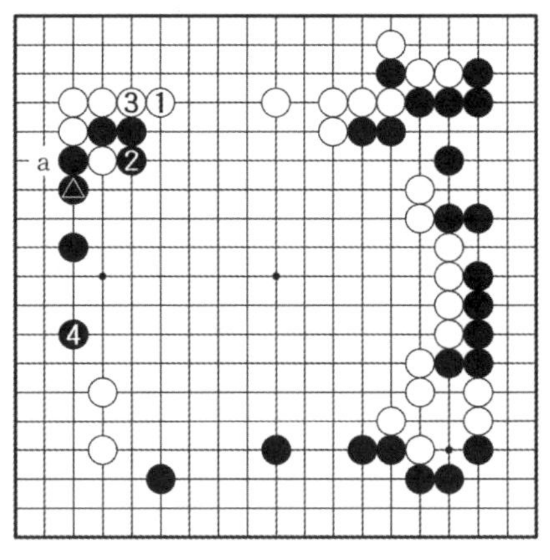

3도

있다. 좌변과 상변의 흑은 아직도 괴롭힐 여지가 남아 있다. 백이 앞
서 있다고는 하나 그 차이는 미세하다.

그런 국면에서 마늘모로 붙이고 젖혀 이어 좌하귀 백 집을 확실히
굳혔다. 형세판단이 정확하지 않으면 둘 수 없는 수다.

"이걸로 확실히 '승세를 굳히겠다'는 수입니다. 백54쯤부터 구상했을
것입니다. 선생님이 굉장히 자신 있게 두는 것으로 보입니다."

조 기성 본인도 "백82까지의 흐름이라면 백이 좋습니다. 78로 붙였
을 때 3·3에 들어오는 등 변화를 시도하면 어떻게 두어야 하나 고민
하고 있었습니다"라고 이 바둑을 회고했다. 흑83의 호구로 지키자 백
은 84·86으로 모양을 정리해 중앙을 더 두텁게 한 뒤 88로 좌변 흑
을 압박한다. 완급 조절이 자유자재로 이뤄지고 있다.

흑93의 삭감은 '이런 정도'라고 쓰루야마 8단은 말했다. 흑은
95·97로 좌변을 보강한 뒤 99로 상변의 안형을 확실히 해두었다. 우
세를 의식하고 있는 백이 이제 어떤 식으로 이 바둑을 정리해 나갈지
가 관전 포인트다.

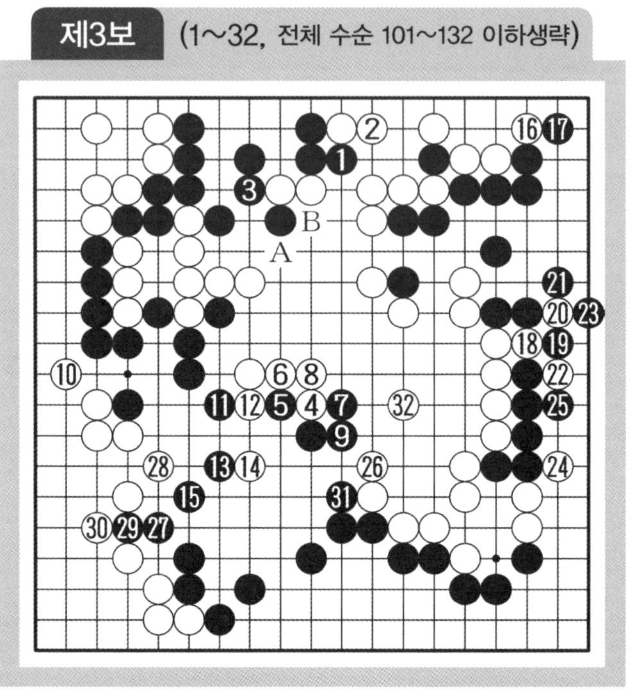


238수 끝, 백 3집반승

## 완벽한 반면 운영

"백4 이하 중앙 운영도 인상적이었습니다." 쓰루야마 8단의 평이
다. 예를 들어 4도와 같이 중앙을 에워싼다면, "흑2·4로 중앙을 흑 세
력으로 만들어 순식간에 미세한 승부가 된다"는 것이다.

백4~8로 중앙을 두텁게 함으로써 좌상 쪽의 약한 돌이 강화되고
좌변 흑돌을 압박하게 된다.

"좌변 흑을 압박하는 백10은 끝내기로서도 큽니다."

당시 소감에서 조 기성은 "백4를 두기 전에 백A, 흑B를 교환해 뒀

어야 했습니다. 졌다면 후회
할 뻔했습니다"라고 말했다.

이에 대해 쓰루야마 8단
은 말한다. "그렇게까지 치
열하게 두지 않아도 형세는
좋습니다. 백4로 충분합니
다."

흑은 11~15까지 좌변과
하변의 흑을 연결했지만, 달

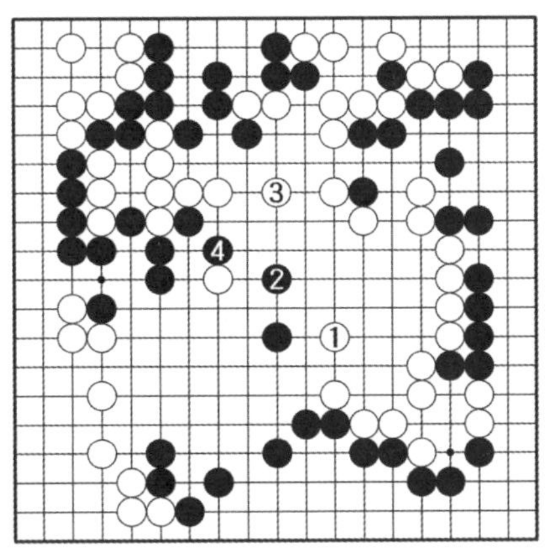

4도

리 말하면 단지 연결한 것에 불과한 셈이기도 하다. 백은 18·20으로
우변을 끊어 24의 젖힘을 기분 좋게 선수로 활용했다.

백26에 대해 흑은 32의 자리에 뛰어두고 싶지만, 좌변에서 하변에
걸친 흑 모양이 엷어서 흑27은 생략할 수 없었다. 백32는 사실상 "이
겼습니다"라는 수였다. 중앙을 두텁게 둔 효과로 이 부근에도 상당한
집이 붙었다.

결과는 백 3집반 승리였지만, 초반에 주도권을 잡고 중반에도 확실
하게 리드를 지키며 전혀 위험한 순간이 없는 내용이었다.

쓰루야마 8단은 다음과 같이 총평했다. "관전기에서 말했듯이, '정
말 부상 중인 사람이 맞습니까?'라고 묻고 싶을 정도의 내용이네요.
자신감 넘치는 '반면 운영'으로 보아 그야말로 선생님의 완승입니
다."

기타니 도장에서 배우고 연마하여 프로기사가 된 조치훈 명예명인과 고바야시 명예기성. 두 사람은 훗날 라이벌로 불리게 된다. 신예기사로서 타이틀 전선에 나서게 된 두 영웅은 당시 서로를 어떻게 생각하고 있었을까?

이야기를 다시 돌리면, 두 분 모두 기타니 도장에서 프로기사가 되셨는데, 당시에도 라이벌 의식이 있었나요?

**고바야시** 라이벌이라기보다, 당시엔 그럴 상황이 아니었어요.

**조** 고이치 씨는 금세 강해졌으니까, 나 따위는 상대도 안 했던 거 아니야?

**고바야시** 그건 아니고, 그때는 워낙 주위에 강한 사람들이 우글우글했으니까. 도장 선배들이 다들 쟁쟁해서 치훈 씨만 신경 쓸 겨를이 없었어. 물론 의식하지 않은 것은 아니었지만.

정말로 오타케, 이시다, 가토, 다케미야 선생 같은 쟁쟁한 분들이 다 모여 있었네요.

**고바야시** 맞아요. 기타니 도장 선배들은 물론이고, 일본기원에는 다른 문하의 강한 사람들도 수두룩했어요.

**조** 하지만 뭐, 고이치 씨가 기타니 선생님으로부터 독립한 건 바둑

젊은 시절에는 라이벌이라는 느낌은 아니었다는 두 사람.

판 위의 일 때문만은 아니잖아. 레이코 씨와 결혼을 전제로 사귀고 있었으니까 그게 가장 큰 이유 아니었어?

**고바야시**  그것도 있었지만, 그 무렵 기타니 선생님의 건강이 나빠지셔서 요쓰야에 있던 도장을 정리하고 히라쓰카로 돌아가는 분위기였어. 시기적으로 도장을 접을 때가 된 거였지.

치훈 선생님은 같이 가신 거죠? 히라쓰카에.

**고바야시**  노부타 씨, 소노다 씨와 함께 갔죠.

**조**  맞아요. 내 인생에서 하나의 전환점이 된 일이었어요.

이시다 요시오 24세(世) 본인방.

**고바야시** 내가 독립한 게 1973년 5월이었는데, 기타니 도장이 문을 닫은 건 그다음 해 6월이었어요. 가토 씨는 14년이나 내제자로 있었고, 나는 8년이었죠.



주위에서는 두 분을 '라이벌'이라 부르지는 않았나요?

**고바야시** 다들 그렇게 말하긴 했지만, 위에 워낙 강한 사람들이 많았어요. 우선 그 사람들을 이겨야 했으니까요. 원래 라이벌이란 정상을 다툴 때 쓰는 말이죠.

그럼 서로를 의식하기 시작한 건 명인전 무렵인가요?

**고바야시** 치훈 씨가 먼저 명인이 되었잖아요. 그때부터 점점 의식하게 되었죠. 어릴 때는 라이벌이라는 느낌이 별로 없었어요. 도장 선배들이 워낙 강했으니까요. 가토 씨도, 이시다 씨도 대단했죠. 다케미야 씨도 중간에 들어와서 '기타니 도장 3인방'이라고 불렸잖아요.

**조** 강하다기보다는 아예 차원이 다른 세계의 사람들이었어요.

**고바야시** 맞아요. 전혀 상대가 안 됐죠. 근데 그런 분들이 계셨기 때문에 우리로서는 감사한 면도 있었어요. 우리는 그저 뒤를 따라가는 입장이었으니까요.

뒤를 쫓는 입장이라 마음이 좀 편했나요?

**고바야시** '마음이 편했다'기보다는, 앞서가는 사람들의 장단점이 다 보이잖아요(웃음). 그걸 지켜보며 나아갈 수 있었죠. 뒤에서 따라가는 쪽이 유리하잖아요? 나이도 더 어렸고.

가토 마사오 명예왕좌.

결국 그분들을 따라잡으신 셈이네요.

**고바야시** 네. 그래도 정말 따라잡을 수 있을지는 몰랐어요.

**조** 당시 기타니 도장 선배들의 기세는 정말 떠오르는 태양 같았죠. 사카다 선생이나 후지사와 선생, 린하이펑 선생도 계셨지만, 그래도 대세는 역시 기타니 도장이었어요.

**고바야시** 나는 가장 좋은 시기에 입문했던 것 같아요. 가토 씨가 열여덟 살에 이미 2단이었거든요. 2단이라고 해도 그냥 2단이 아니라 엄청 강한 2단이었어요. 그 실력으로 4단 때 이미 본인방전 리그에 진입했으니까요.

그때 바로 도전자가 되셨잖아요.

**고바야시** 5단 때 도전자가 되었죠. 당시로선 상상도 못 할 일이었어

다케미야 마사키 9단.

요. 그때가 기타니 도장의 황금기였다고 생각해요. 선생님께서는 병환으로 힘드셨겠지만, 제자들은 서로 경쟁하고 실력을 갈고닦으며 성장하고 있었어요. 나도, 치훈 씨도 그 자리에 함께 있었던 거죠. 참 운이 좋지 않았나요? 주변에 그런 사람들이 있었으니까요. 무서운 카지와라 선생 같은 분도 한 번씩 오시기도 했고요.

**조** 카지와라 선생의 영향은 정말 컸죠.

**고바야시** 그분은 학자였어요. 바둑의 학자. 승부사는 아니었어요. 2주에 한 번 정도 오셔서 우리를 단련시켜 주셨죠.

**조** 카지와라 선생은 유독 고이치 씨의 바둑을 높이 평가하셨죠.

**고바야시** 그랬나? 나보다는 다케미야 씨나 이시다 씨 아니었을까?

**조** 아니, 내 기억으로는 고이치 씨였어. 바둑 자체는 "고이치가 제일 강하다"는 말을 여러 번 들었어.

**고바야시** 서로 이렇게 얘기해본 적이 별로 없어서 그런지, 처음 듣는 얘기가 꽤 나오네. 레이코와 결혼해서 그런 거 아냐? 레이코가 카지와라 선생을 정말 극진하게 모셨거든.

**조** 그럴 수도 있겠네(웃음). 아니, 그건 농담이고.

**고바야시** 가령 '여류본인방전' 상금이 50만 엔 정도라고 치면, 그중 30만 엔 정도를 드릴 정도였어. 감사 인사로.

**조** 깊이 존경했구나.

**고바야시** 정말 존경했었지. 기타니 도장에 사범 대리 같은 느낌으로 오셨는데, 그건 기타니 선생님이 직접 부탁하신 거였다고 하더라고. 당신은 몸이 안 좋아서 직접 가르칠 수가 없으니까. 뭐, 그거에 대한 보답이었을 수도 있어. 레이코는 카지와라 선생님의 바둑을 좋아했다기보다 그분을 인간적으로 정말 존경했었어.

**조** 아, 그래? 그 얘긴 처음 들어봐.

**고바야시** 학자형이잖아? 승부사 유형이 아니라. 기타니 선생님도 마찬가지야. 구도파라고 해야 하나? 시간을 물 쓰듯이 쓰면서, 제한 시간이 10시간이나 되어도 대국 이틀째 저녁에 형광등이 켜질 때쯤 되어야 비로소 집중이 되는 그런 유형이잖아. 그전까지는 마음껏 생각하는 거지. 그래서 치훈 씨가 그런 점을 가장 닮았어, 기타니 문하에서.

제10기 명인전 제7국. 고바야시(왼쪽)가 조치훈을 넘어 처음으로 명인에 등극했다.

**조**  하하….

**고바야시**  그렇게까지 하는 사람은 치훈 씨 정도밖에 없어. 봐봐, 초읽기에 몰려도 전혀 동요하지 않잖아.

**조**  어릴 때부터의 경험 때문인지, 나도 모르는 사이에 그렇게 되어 버린 걸지도 몰라.

**고바야시**  스승의 영향을 받는 거야. 정신적으로 닮아가는 거지. 치훈 씨는 그런 면에서 기타니 선생님을 가장 많이 닮았어.

이야기를 다시 돌리자면, 치훈 선생님은 명인전에서 고이치 선생님이 도전자로 올라왔을 때 어떤 기분이셨나요?

**조** 아이고, 까다로운 상대가 나왔구나 싶었죠(웃음).

**고바야시** '감히 어디 덤벼' 하는 마음이었을 거에요. 당시 5연패
連覇 중이었으니까요.

**조** 이상하게도 나는 고이치 씨가 항상 나보다 한 수 위라고 생각했
어요. 농담이 아니라, 아침에 일어나 보면 항상 기보를 놓아보며 공
부하고 있었거든요. 그렇게 한결같이 정진하는 사람에겐 이길 수 없
다는 마음이 있었어요. 나는 그런 타입이 아니니까요. 고이치 씨는
어머니가 돌아가셨을 때도 계속 공부했어요. '살아 계실 때 최고가
되지 못해서 죄송하다'고 생각했을지도 모르죠.

**고바야시** 아니, 아직 그럴 나이는 아니었어. 열아홉 살이었으니까.
…그날은 바둑 한 판을 두고 집에 돌아가서 바로 장례를 치르기로 일
정이 잡혀 있었거든.

**조** 아. 그래서 공부하고 있었던 거구나.

**고바야시** 아마 일본기원 선수권전(지금의 천원전) 1회전인가 2회전
쯤이었을 거야. 그것만 마치고 집에 돌아가 장례를 치르기로 약속되
어 있었지.

**조** 그런 사정은 몰랐지만 '어머니가 돌아가셨다'는 얘기를 듣고도

공부하는 모습을 보며, '이 사람은 이런 상황에서도 바둑을 놓지 않는구나, 나는 절대 이길 수 없겠다'고 늘 생각했어.

고이치 선생님이 처음 명인에 도전했을 때, 그때 처음으로 라이벌 의식이 생긴 건가요?

**고바야시** 라이벌 의식이라기보다 반드시 넘어야 할 벽이라는 마음이었죠. 5연패連覇 중이었으니까요. 명예명인 자격도 가지고 있었잖아요. 그때는 기성도 가지고 있었죠?

대삼관이 끝난 지 2년 정도 지난 때였죠.

**고바야시** 그런 상황이니 명실상부한 일인자였죠. 뭐, 정면으로 부딪쳐 보는 수밖에 없다고 생각했습니다.

고이치 선생님은 아직 3대 타이틀을 차지하기 전이었잖아요. 그때 드디어 따라잡았다는 생각이 드셨나요?

**고바야시** 아니요. 그런 생각은 못했어요. 아직 타이틀을 따낸 것도 아니었고요.

**조** 내가 더 앞서 있었다고?

**고바야시** 앞서다 못해 이미….

**조** 아 그랬구나. 난 그런 생각은 해본 적도 없어.

**고바야시** 지금이야 옛날 얘기지만, 그때 치훈 씨는 정말 구름 위의 존재였어. 난 이제 겨우 도전자 자격을 얻은 정도였으니까.

**조** 그런 것 치고는 태도가 건방지네(웃음).

**일동** 하하하하하.

그때 타이틀을 따고 자신도 명예명인이 되고 나서야 비로소 따라잡았다고 느낀 건가요?

**고바야시** 따라잡았다는 생각은 안 했어요.

**조** 지고 있다는 생각도 없었던 것 아냐? 예를 들어 내가 먼저 3대 타이틀을 땄다고 해도, 속으론 '내가 더 강하다'는 생각이 있었던 거 아니야?

**고바야시** 글쎄, 그랬나…. 뭐랄까, 그때는 대국이 계속 이어졌거든. 그것도 전부 강한 상대들뿐이었어. 예를 들어 스모라면 15일간 대회를 하잖아? 그럼 진짜 강한 사람은 세 명 정도에 불과해. 오제키나 요코즈나 같은 사람들 말이야. 그런데 바둑의 경우는 훨씬 더 치열하거든. 세키와케급(스모의 3번째 등급) 이상의 강자들과 늘 두게 되니까.

기타니 문하의 황금기였고 린 선생님이나 후지사와 선생님도 왕성히 활동하셨죠.

**고바야시** 계속해서 강한 상대들과 싸워야 했어요. 1년만 부진해도 바로 밀려나는 자리였죠. 그래서 필사적으로 할 수밖에 없었어요. 내가 상위권까지 온 건 사실이지만, 조금이라도 긴장을 늦추면 와르르 무너질 것 같은 기분이었거든요.

명인전이 끝나고 기성전에서 도전자가 되었을 때, 그 유명한 교통사고 사건이 있었잖아요. 그때 심경은 어떠셨나요?

**고바야시** 솔직히 나도 충격이었어요. 처음엔 대국이 연기될 줄 알았죠. 2020년에 쇼기 용왕龍王전에서 하부 요시하루 9단이 몸이 안 좋았을 때는 대국을 연기했잖아요. 그걸 보며 '치훈이 다쳤을 땐 연기하지 않았는데, 왜?'라고 생각했어요. 치훈의 부상이 훨씬 심했으니까요.

뭐, 시대도 다르잖아요. 코로나 시기였으니까 그런 상황에서 대국을 진행할 수 없었겠죠.

**고바야시** 뭐 그렇겠네요. 아무튼 치훈 씨가 사고를 당했을 때 나는 당연히 연기될 거라고 생각했어요. 다만 당시 규정에는 대국 일정을 변경할 수 없다는 조항이 있었어요.

현재 규정대로라면 그런 경우에는 대국 일정 재조정을 검토하게 됩니다.

**조** 하지만 나 자신은 연기란 있을 수 없다고 생각했어요. 결국 정해진 규정을 따라야 한다고 봤고, '연기한다면 당연히 기권패'라고 생각했어요. '기권패는 싫으니까 두자'는 생각뿐이었고, 연기한다는 생각은 전혀 없었어요. 그때 여러 동정 어린 목소리도 들었고, "왜 고바야시는 적극적으로 연기를 주장하지 않느냐"는 비난도 있었죠. 하지만 그건 좀 이상한 것 같아요. 잘못한 건 나잖아요. 사고를 당한 것도 나고. 고이치 씨와는 아무 상관없는 일이에요.

**고바야시**  나도 그런 규정이 있다는 말을 듣고 나니 아무 말도 못 하겠더라고. 그건 마음대로 바꿀 수 있는 게 아니니까.

**조**  말로만 '연기해야 한다'고 하는 건 정말 실정을 모른다고 생각하는 게, 고이치 씨도 나도 대국 일정에 맞춰 여러 가지 준비를 해왔던 거잖아. 단순히 날짜만 바꾸면 되는 문제가 아니라고.

하지만 당시에는 전철조차 타기 힘든 상황이셨잖아요.
**고바야시**  그때 요미우리신문사의 전용기가 있어서 다행이었죠. 나도 한 번 탄 적 있어요. 제4국 아바시리에서 대국할 때요. 그때 교코 씨와 잠깐 얘기했는데, 같은 초등학교 2년 선배라는 걸 그때 처음 알았어요.

아, 그렇습니까!
**고바야시**  글쎄 같은 초등학교더라고요. 내가 4학년일 때 교코 씨는 6학년이었던 거죠. 전혀 몰랐어요.

당시로선 이례적인 의자 대국으로 진행되어 제1국은 고이치 선생님이 승리했고, 제2국과 제3국은 치훈 선생님이 이기셨죠. 그 뒤 고이치 선생님이 "역시 정좌로 두고 싶다"라고 말씀하셨다는 이야기가 있더군요.
**고바야시**  그랬을지도 모르겠네요.

**조** 그런 것을 솔직하게 말할 수 있다니 정말 존경스러워. 나 같으면 절대 그런 말 못 했을 거야. 뒤에서 "저 자식 뭐야" 하면서 투덜거렸을지도 몰라. 그런 상황에서 솔직하게 그런 말을 할 수 있다는 게 대단해. 승부의 세계잖아. 그렇게 분명하게 말하는 건 대단한 일이야. 세간의 동정은 나에게 쏠려 있으니 아무래도 그런 말을 하기 어렵잖아. 그래도 그걸 분명하게 말했어. 정말 대단하다고 생각했어.

그나저나 참 두기 불편하셨겠어요. 도전자 입장에서도요.

**조** 나도 의자에 앉아서 둬본 적이 없어서 두기 불편했어요. 사실 나도 다다미에서 두고 싶었어요.

**고바야시** 아니, 그게 말이 쉽지 정말 힘든 일이야. 당장 화장실 가는 거부터가 정말 고역이라니까. 물도 마음대로 못 마셔. 휠체어 타고 화장실 왔다 갔다 하는 게 얼마나 힘든데.

**조** 우리는 평생 다다미에서 둬왔잖아. 의자에서 두는 건 마음이 안정되지 않아. 사고력이 둔해지는 거야.

**고바야시** 당시에는 이틀걸이 대국이라면 역시 다다미라는 인식이 강했지.

**조** 교통사고 이후로 다리가 계속 안 좋았지만, 나도 '다다미에서 두고 싶다'는 마음이 있었어. 다리가 아파도 다다미에서 두고 싶었지. 그게 더 마음이 안정돼서 바둑판에 집중할 수 있거든. 그도 그럴 것이 나는 세 살 때부터 바닥에 앉아 바둑을 둬왔으니까. 그래서 앞으로 세계대회에 나갈 사람들은 이제 다다미에서 두면 안 돼. 세계대회는 전부 의자에서 두니까. 압도적으로 강하다면 몰라도 실력이 비슷하다면 '대국 시간이 길다', '다다미에서 둔다', '의자에서 둔다' 같은 그런 사소한 차이가 영향을 준다고 생각해. 어느 쪽이 더 좋은지는 알 수 없지만. 이틀걸이 대국이 바둑으로서는 더 나을 수도 있어. 다다미에서 두는 게 인간의 사고력을 높일지도 모르지. 그렇다면 그것은 그것대로 성격이 다른 대국 방식으로 구분해야 한다고 생각해.

예전에 한 중국 기사가 일본의 국제바둑대회에 출전했을 때 "다다미에서 두는 것이 가장 힘들었다"고 말했다는 이야기도 있죠.

**고바야시** 그 사람들은 정좌를 못 하니까요. 그런데 중국 기사가 일본에 와서 다다미에서 둔 적이 있나요?

**조** 있겠지, 아함동산배에서. 그래서 국제대회를 일본처럼 이틀걸이 대국으로 하자는 얘기도 있는데, 이틀 동안 두다 보면 선수들이 어디 놀러 가버릴지도 몰라(웃음).

제10기 기성전이 하나의 분기점이 되어 고이치 선생님이 명인과 기성을 차지하고, 치훈 선생님은 한동안 무관이 되죠. 일인자가 잠시 역전된 셈입니다. 그러다 다시 치훈 선생님이 부활하시고요.

**조** 몇 년 후에요.

**고바야시** 다시 맞붙은 게 본인방전이었나요?

1990년 본인방전입니다. 그 전에 1987년 천원전에서 5번기를 치렀습니다. 뭐, 1986년에 이미 기성碁聖을 탈환하셨으니 치훈 선생님의 무관 시절은 짧긴 했습니다.

**고바야시** 본인방에 복귀한 건 1989년인가요?

그렇습니다. 거기서부터 10연패連覇로 이어지죠.

**고바야시** 이야마 9단이 본인방 11연패를 했잖아요.

**조** 이야마 9단이 기성은 몇 연패 했죠?

9연패입니다.

**고바야시** 내 기록(8연패)도 깨졌더라고요. 하지만 이야마 9단도 점점 위태로워지고 있는 건 확실해요. 주변 기사들이 실력을 엄청나게 키워왔으니까요.

**조** 이치리키(이치리키 료一力遼 9단)는 요즘 자신감이 붙었더라고. 대단해.

**고바야시** 열 살 가까이 젊으면 역시 상대하기 힘들어.

(181쪽에서 이어집니다.)

# 제4장

## 절정

두 번째 대삼관 달성

## 회복

모든 타이틀을 잃었지만, 나는 '부상을 당했기 때문'이라고 생각한 적은 한 번도 없었습니다.

당시 나의 바둑이 다른 사람들보다 부족했을 뿐입니다. 그렇다 해도 부상에서 회복하기 위한 재활 과정은 상당히 힘들었습니다.

처음에는 병원에 다녔는데 마음이 우울해지더군요. 당연한 얘기지만, 병원은 어딘가 몸이 아픈 사람들만 오는 곳이니까요. 그래서 시내에 있는 스포츠클럽에 다니기로 했습니다. 다리와 허리 재활에는 "수영장에서 걷는 것이 좋다"는 이야기를 들었기 때문입니다. 원래 수영을 좋아해서 타이틀전 중에도 시간이 나면 호텔 수영장에서 수영을 하곤 했기에 수영장 자체에 거부감은 없었지만, 당시에는 일반적인 스포츠클럽 중에서 '재활을 하고 싶다'는 나를 받아주는 곳이 거의 없었습니다.

뭐, '걷는다'고는 해도 미끄러질까 무서워서 마치 포복전진하는 듯한 모습으로 물속을 움직였거든요. 일반 회원들에게 방해가 된다고 여겼던 것 같아요.

결국 나를 받아준 곳은 어느 고급 호텔이었습니다. 나는 '돈 앞에 머리 숙이는 것'을 싫어하고, '고급'이라든가 '셀럽' 같은 곳에 편견이 있었는데 이때만큼은 고마웠습니다. '고급'이라 불리는 곳은 그만큼의 서비스를 해주는구나 하고 다시 보게 되었습니다. 그렇게 1년 정도 그곳에 다녔습니다.

정상적으로 걸을 수 있게 된 뒤에는 다리와 허리를 단련하려고 아내와 둘이서 산행도 했습니다. 사고가 난 곳 근처에서는 살고 싶지 않아서 도쿄 메구로의 맨션을 처분하고, 세이부 신주쿠선 근처인 나카이에 새로운 거점을 마련했습니다. 쉬는 날에는 세이부선을 타고 멀리 나들이를 다녔습니다. 맨션 아래층에 사는 이웃에게 아이를 맡기고, 돌아오는 길에 소바집에 들르거나 서점에 가기도 하면서 아내와 보내는 시간이 이전보다 많아졌습니다.

바둑 역시 한때의 부진을 벗어난 듯, 1986년 7월에는 오타케 선생으로부터 기성棋聖을 되찾았습니다. 이듬해인 1987년에는 고이치 씨로부터 천원을 따내며 사상 최초로 그랜드슬램을 달성했습니다. 그랜드슬램이란 기성棋聖·명인·본인방·천원·왕좌·기성碁聖·십단의 '7대 타이틀'을 모두 한 번 이상 획득하는 것을 말합니다. 나 이후에는 장쉬 9단과 이야마 9단이 달성했습니다. 이야마 9단은 7대 타이틀을 모두 동시에 보유하는 '7관冠'을 달성하기도 했습니다.

사고의 후유증이 없다고 하면 거짓말입니다. 지금도 정좌를 하는 것은 힘들고, 한 번 앉으면 다리를 쭉 펴고 주물러주지 않으면 좀처럼 일어나기가 힘듭니다. 사정을 모르는 사람이 내 자세를 보고 '태도가 불량하다'고 오해할 때도 있지만, 뭐 어쩔 수 없는 일이죠. 일일이 설명할 수도 없으니까요. 그래도 타이틀전의 입회인을 맡아 대국 개시나 재개를 알릴 때는 반드시 정좌를 합니다. 타이틀전에 나서는 기사들은 존경받아 마땅한 분들입니다. 그분들께는 마땅히 경의를 표해야 합니다.

## 고이치 씨와 3년 연속 본인방전

1989년에는 다케미야 씨를 이기고 본인방에 복귀했습니다. 당시 나는 천원과 십단을 보유하고 있었기에 3관왕이 되었습니다. 같은 시기, 기성棋聖·명인·기성碁聖의 3관을 보유하고 있던 사람이 바로 고이치 씨였습니다. 말 그대로 '조·고바야시 시대'였습니다. 기타니 도장 시절부터 라이벌로 여겨졌던 고이치 씨와의 통산 상대 전적은 67승 63패입니다. 일본기원에 따르면 대국 수 130국은 동일 기사 간 최다 대국 기록이라고 합니다.

7대 타이틀전에서는 10번을 맞붙어 내가 8승 2패를 기록했습니다.

고이치 씨와의 대국 중에서도 특히 기억에 남는 것은 1990년부터 1992년까지 이어진 본인방전 7번기입니다. 세 번 모두 고이치 씨에게는 '이기면 대삼관 달성'이라는 커다란 의미가 담긴 승부였습니다. 1990년에는 내가 1승 3패로 벼랑 끝에 몰렸고, 1991년에는 초반 2연패를 당했지만 두 번 모두 나의 역전승으로 끝났습니다. 가장 힘들었던 것은 1992년이었습니다. 시작부터 내리 3연패를 당해 절체절명의 위기에 빠졌지만, 간신히 방어에 성공했습니다. 기성전(1983년), 명인전(1984년)에 이은 세 번째 '3연패 뒤 4연승'이었습니다.

냉정하게 되돌아보면, 당시 나와 고이치 씨는 막상막하였다기보다 오히려 전성기였던 고이치 씨가 조금 더 우위에 있었다고 생각합니

제47기 본인방전 제7국. 3년 연속 이어진 고바야시(왼쪽)와의 대결을 승리로 마무리했다.

다. 성실하고 낙관적인 고이치 씨, 수다스럽고 비관적인 나. 대조적인 두 사람은 여러모로 비교되곤 했습니다. 한때는 '말도 섞지 않는 사이'라고까지 불리기도 했지만, 앞서 말씀드렸듯이 1986년 기성전을 계기로 조금씩 이야기를 나누게 되었습니다.

본인방을 방어할 수 있었던 것은 "운명의 여신이 나에게 미소 지어주었기 때문"이라고밖에는 말할 수 없습니다. 우리의 스승이신 기타니 선생님의 셋째 딸 레이코 씨와 결혼한 고이치 씨에게는, 선생님의 염원이었던 본인방 타이틀이 그 무엇보다 간절했을 것입니다. 기성 8연패, 명인 7연패라는 대기록을 가진 그였지만, 3대 타이틀 중 본인방만 차지하지 못했습니다. 그 점에서도 역시 운명이라는 것을 느끼게 됩니다.

3기 연속 본인방전에서 버텨낸 덕분에 흐름이 바뀐 것일까요.

제21기 명인전 제6국. 다케미야(왼쪽)로부터 명인을 빼앗아 다시 대삼관을 달성했다.

1994년 기성전 7번기에서는 고이치 씨를 4승 2패로 꺾고, 오랜만에 기성으로 돌아올 수 있었습니다.


## 더욱 자랑스러운 대삼관

1996년에는 다케미야 씨를 꺾고 명인을 획득하여 13년 만에 다시 대삼관에 올라설 수 있었습니다. 지금 생각해 보면 '첫 번째 대삼관'은 다분히 기세에 힘입어 얻은 결과였습니다. 선배들을 상대로 과감하게 싸울 수 있었고, 실력 이상으로 운이 따라주었습니다.

반면 '두 번째 대삼관'은 고이치 씨와의 본인방전처럼 운이 따른 면도 있었지만, 그보다는 좀 더 '실력으로 차지한' 것이었습니다. 그렇기 때문에 나에게 '두 번째'는 '첫 번째'보다 더 자랑스럽습니다.


## 타이틀 전선의 변화

고이치 씨와의 본인방 3연전 이후쯤부터 타이틀전의 양상이 달라지기 시작했습니다. 대국 상대가 가토 씨, 다케미야 씨 등 기타니 문하의 선배들에서 야마시로 씨나 가타오카 사토시片岡聡 씨, 왕리청王立誠 씨 등으로 바뀐 것입니다.

야마시로 씨, 가타오카 씨, 왕리청 씨는 모두 1958년생으로, 1956년생인 나와 같은 세대입니다. 다만 내가 워낙 일찍 데뷔한 탓에 그들이 '후배'라는 이미지가 있었습니다. 하나의 전환점이 된 것은 1995년부터 1997년까지 이어진 고바야시 사토루 씨와의 기성전이었습니다. 2024년까지 일본기원 이사장을 지낸 사토루 씨는 같은 기타니 도장 문하이고 나보다 세 살 아래지만, 두각을 나타낸 것은 비교적 늦은 편이었습니다. 그와 대국을 치르며 '정말 시대가 달라졌구나' 하는 느낌이 들었습니다.

두텁고 여유 있는 기풍의 사토루 씨는 나로서는 대하기 까다로운 상대였습니다. 린 선생이나 고이치 씨도 그렇지만, 나는 끈끈하게 버티는 바둑에 약한 편입니다. 반대로 다케미야 씨나 가토 씨처럼 '공격적으로 파고드는' 타입은 역공으로 대응하기 쉬워 오히려 자신 있는 상대였죠. 후지사와 선생은 '두터운 바둑'의 대명사로 여겨지지만 국면마다 날카로운 수도 많이 뒀습니다. 그래서 나와의 상성이 그다지 나쁘지 않았습니다. 하지만 상대가 주도권을 내게 넘겨서 내가 먼저 움직여야 하는 바둑이 되면 실수가 나오기 쉽습니다.

1995년 사토루 씨와 처음 맞붙은 기성전 7번기가 딱 그랬습니다. '여기서 공격해 오겠지'라고 생각한 곳에서 공격하지 않았습니다. '이렇게 느린 수로는 형세가 뒤처질 텐데'라고 생각했는데, 막상 국면이 진행되고 보면 의외로 균형이 잡혀 있었죠. '어라, 뭔가 지금까지의 타이틀전과는 느낌이 다르네'라고 당황하는 사이 2승 4패로 타이틀을 잃었습니다. 놀랐다기보다는 무서웠습니다. 왠지 지금까지의 내 바둑관이 부정당한 것 같아서요…. 나에게 다행이었던 점은, 그 후 사토루 씨가 기풍을 약간 바꾸고 스스로 먼저 변화를 구하는 바둑을 두기 시작했다는 점입니다. 1996년에 기성을 되찾았고 이듬해 재대결에서도 방어할 수 있었지만, 사토루 씨가 처음 맞붙었을 때의 기풍 그대로였다면 위험했을지도 모릅니다.

제21기 기성전 제5국. 기타니 문하의 후배인 고바야시 사토루(왼쪽)의 도전을 물리쳤다.

　뭐, 그래도 왕리청 씨나 사토루 씨 같은 사람들은 연배가 비슷해서 세대 차이를 느끼지는 않았습니다.

　하지만 2000년대 들어 하네 나오키 9단이나 야마시타 게이고 9단 같은 '헤이세이* 사천왕'들과 싸우게 되면서는 확실히 세대 차이를 느꼈습니다. 생각해 보면 나도 참 오래 했네요. 14살 연상인 오타케 선생으로부터 명인을 빼앗았고, 약 20살 연하인 게이고 군과 기성전을 치렀으니까요.

　처음 타이틀전을 치른 사카다 선생은 나보다 36살 연상이셨고, 지금도 나는 40살 이상 어린 젊은 기사들과 공식 대국을 둡니다. 국적도, 나이도 상관없이 진검승부를 펼칠 수 있습니다. 그렇게 생각하면 바둑의 위대함을 다시금 느낍니다.

---

* 헤이세이(平成) 시대 : 1989〜2019년.

1992년 본인방전 최종국을 앞두고 '본인방 슈와(秀和) 출생지 기념비' 앞에서 기념 촬영.

## 제47기 본인방전 7번기 제7국 (1992년 7월 22, 23일)

● 조치훈 본인방　　○ 고바야시 고이치 기성 (덤 5집반)

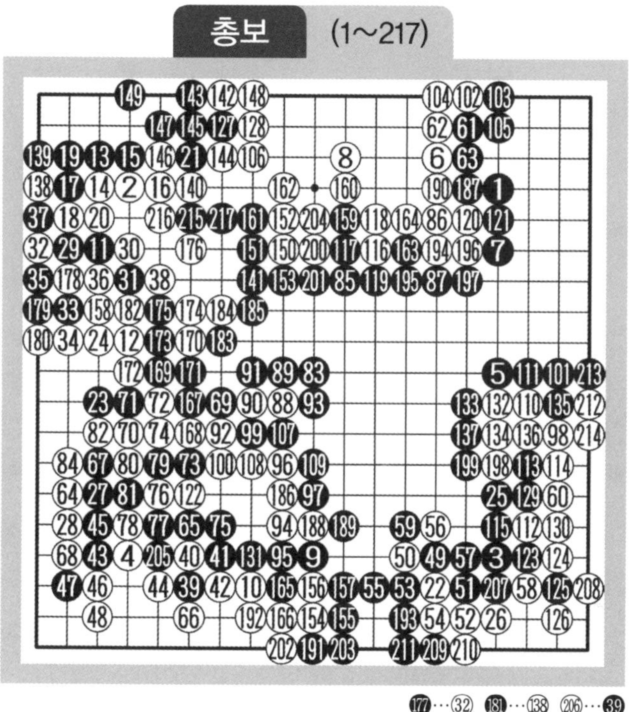



### 클라이맥스

"3연패 뒤 4연승으로 끝난 마지막 대국인데, 왠지 이 바둑은 별로 기억나지 않네요. 지금 다시 기보를 보니, 어쩐지 고이치 씨가 기운이 없어 보이기도 합니다."

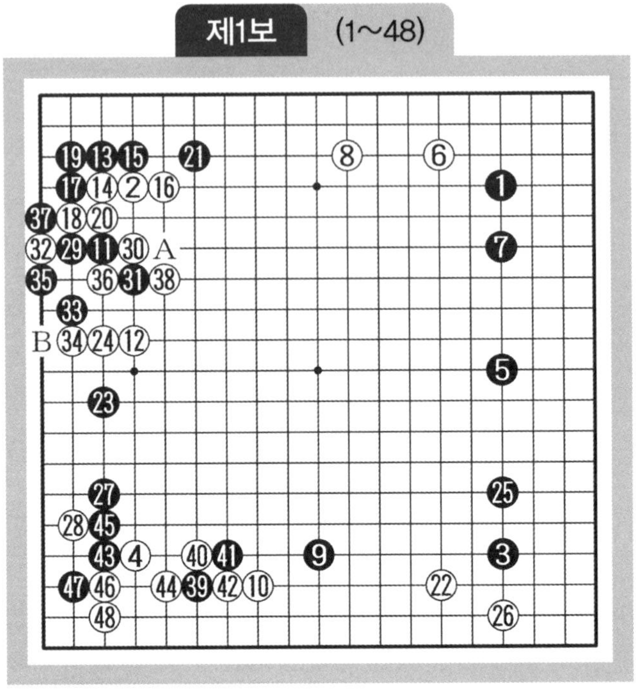



## 두 점 희생을 둘러싼 공방

고바야시 기성·명인이 먼저 3연승을 거둔 제47기 본인방전 7번기. 벼랑 끝에서 3연승으로 반격해 마침내 최종 결전이 된 한 판이다. 이 중요한 승부에서 흑을 잡은 조 본인방이 선택한 것은 흑1·3·5의 삼연성이었다. 포석의 방향이 정해진 다음 흑11의 걸침까지는 "흔히 볼 수 있는 포석"이라고 쓰루야마 8단은 말했다. 백12의 두 칸 높은 협공에 흑13의 3·3 침입도 지극히 상식적인 진행이다. 흑23의 침입부터 27의 걸침까지 이어지는 동안 백이 28의 날일자 모양으로 공격을

시도했을 때, 흑29로
움직이기 시작한 것이
노림수가 담긴 한 수였
다. 순리대로 생각하면,
여기에서는 1도 흑1로
침입하는 것이 보통이
다.

흐름상 백8까지 ◈를
버리고 귀의 실리를 차

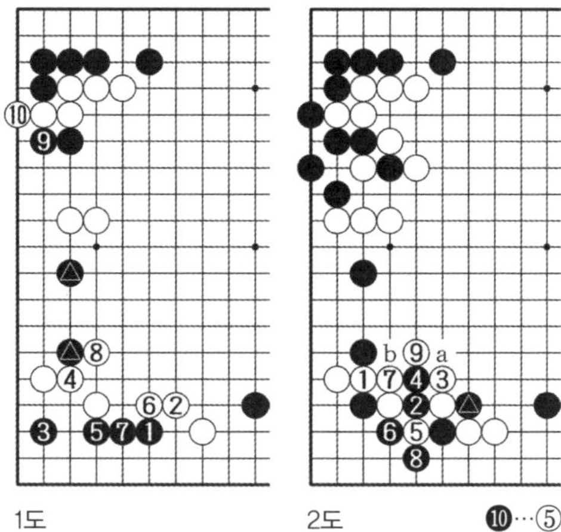

1도

2도　　　⑩…⑤

지하는 전개가 될 것이다. 이것은 이것대로 무난한 진행이지만, "선
생님은 그 전에 미리 하나 교환해두자고 생각하신 것 같아요"라고 쓰
루야마 8단은 평했다. 1도 백8 이후에 좌상의 흑9로 움직이면, 백의
하변이 단단하기 때문에 10으로 맞설 것이다. 하지만 실전에서 백30
으로 37 자리에 내려서는 수는, 흑A로 뛰어나와 싸움이 벌어졌을 때
"백도 두렵지 않습니까?" 하고 묻는 듯한 진행이 된다.

실제로 고바야시 기성은 정면승부를 피하고 백30으로 젖혔다. 흑
31에 백32로 아래에서 젖히는 수가 맥점으로, 백38까지는 무난한 진
행이지만 "흑이 좀 더 능숙하게 처리한 느낌"이라고 쓰루야마 8단은
평했다. 1도와 마찬가지로 좌변의 두 점을 버린다면 흑B의 끝내기도
남는다.

조 본인방은 흑39로 뛰어들었다. 이에 대해 백은 흑43로 반발할 수
없었다. 2도 백1로 반발한다고 해도 흑10까지 진행되면 a·b의 끊기는
곳과 ◈가 움직이는 것이 남아있어 수습이 어렵다. 백48까지 일단락되
었지만, 조 본인방에게는 그 너머를 내다본 또 다른 구상이 있었다.

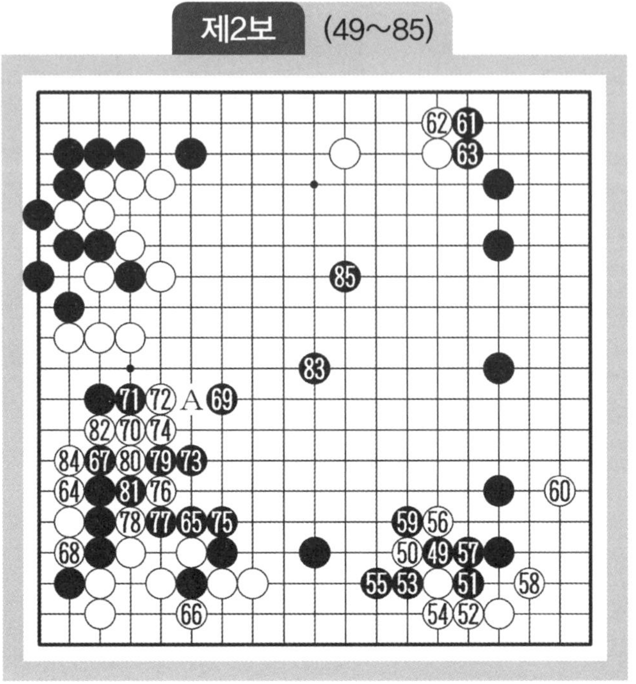

## 놀라운 구상

조 본인방은 무엇을 구상하고 있었던 걸까. 그것은 본보에서 드러난다.

좌하귀가 일단락된 뒤, 조 본인방은 흑49로 우하로 향했다. 쓰루야마 8단은 흑51·53이 실전적인 수법이라고 말했다. 백60까지 우하귀 실리는 내주었지만 중앙이 두터워졌다.

백64는 맥점이었다. 만약 백68로 끊으면 흑64로 막혀 후속 수단이 없다. 흑67에 백68로 끊어 근거를 위협했을 때, 흑69가 주목할 만한

수였다. 한 칸 왼쪽의 A로
두 칸 뛰더라도 좌변 흑 대
마가 공격당할 것 같지 않지
만, 흑 일단을 가볍게 보고
경우에 따라서는 버릴 수도
있다는 의도를 담고 있었다.

백은 70의 들여다보는 수
부터 76까지 좌변 흑 일단을
공격했지만, 쓰루야마 8단은

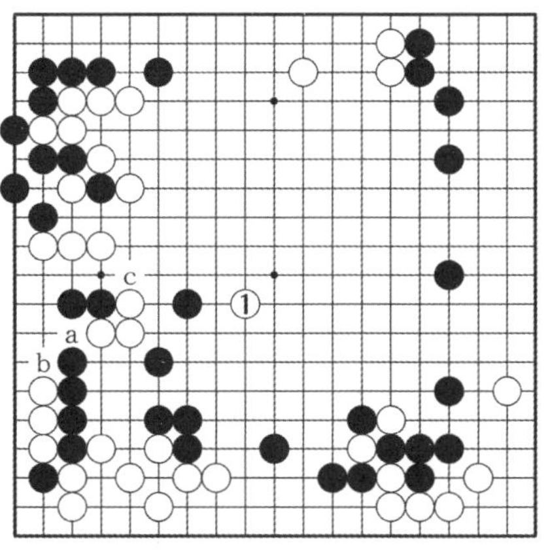

3도

"백76이 고전의 원인이라고 생각합니다"라며 평가를 이어갔다.

"3도의 백1로 중앙에서부터 흑 일단을 크게 압박했어야 했습니다.
흑도 a나 b로 두어 c의 젖힘을 엿보며 진행했을 것입니다. 이렇게 두
는 편이 복잡한 모양이 되어 백에게도 기회가 있었을지도 모릅니다."

흑은 구상대로 좌변을 버리는 전개가 되었지만, "고바야시 기성은
흑의 구상에 따라가더라도 백이 나쁘지 않다고 본 것 같습니다"라고
덧붙였다. 고바야시 기성의 형세판단 능력은 정평이 나 있지만, 여기
에서는 조 본인방의 판단이 옳았던 것 같다.

백82·84로 다섯 점이 잡히는 것에 개의치 않고 흑은 83·85로 중
앙을 연타했다. "돌을 버리고 83·85 같은 수를 두다니, 정말 AI가 둘
법한 수입니다"라고 쓰루야마 8단은 평했다. "바둑판 전체를 어떻게
바라볼 것인가, 그리고 그 위에서 형세를 어떻게 판단할 것인가. 이 대
국에서 선생님의 대국관은 현대의 관점에서 봐도 훌륭합니다."

이 시대의 조 본인방의 바둑에는 시대를 앞서간 듯한 수가 자주 등
장한다.

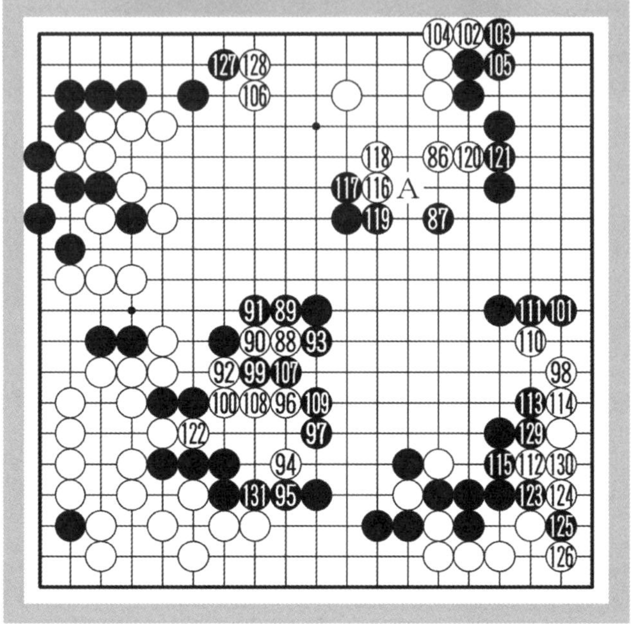


217수 끝, 흑 7집반승

## 승세를 굳히다

백은 86으로 상변을 강화하면서 중앙을 삭감해 나갔다. "결과론이지만, 이 수도 다소 느슨했습니다." 쓰루야마 8단의 평이다. 흑87이 절호점이었기 때문이다. "백은 A의 눈목자까지 들어갔어야 합니다."

고바야시 기성은 백88의 삭감에 기대를 걸었을지도 모르지만, 조본인방은 흑97까지 침착하게 응수했다. 좌하 백이 흑 다섯 점을 잡은 뒤 붙어 있던 여섯 점이 잡히더라도 흑이 유리한 형세였다고 쓰루야마 8단은 설명했다. 그렇다고 해도 바둑은 여전히 미세하다.

최종적으로 '흑 7집반 승'
까지 차이가 벌어진 것은
"백106이 문제였기 때문입
니다. 이 수가 패착일지 모
릅니다." 쓰루야마 8단의 평
이다. 상변에 벌린 것도 크
지만, 4도 백1~7까지 중앙
을 삭감해 두는 것이 급선무
였다.

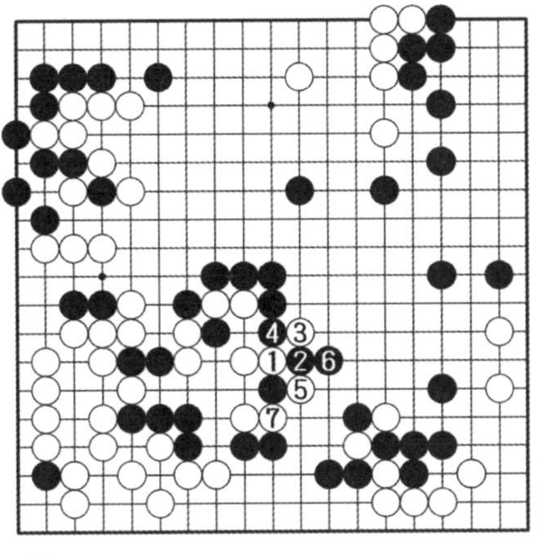

4도

흑107로 따내고 109로 막
은 것이 "두터운 수법이었습니다"라고 쓰루야마 8단은 말했다. 결국
흑은 131로 네 점까지 살려냈다. 이후에도 끝내기가 이어졌지만, 이
미 승부는 뒤집히기 어려운 형세였다.

이 바둑을 제압한 조 본인방은 3연패 뒤 4연승으로 본인방을 방어
하며, 3년 연속 이어진 조·고바야시 대결을 모두 역전으로 제압했다.
두 기사의 전성기에 맞붙은 이 7번기의 열전보는 헤이세이 시대 일
본 바둑계의 빛나는 금자탑이라 할 만하다.

## 본인방 10연패連覇

두 번째 대삼관을 달성한 후인 1998년, 나는 본인방전에서 10연패를 달성했습니다. 이는 바둑 타이틀전 연패連覇 기록을 경신한 것이었습니다.*

그 전까지의 기록은 역시 본인방전에서 다카가와 선생이 기록한 9연패였습니다. 같은 본인방전에서 사카다 선생도 7연패를 기록했습니다. 그러고 보니 5연패인가 6연패를 했을 때, 본인방 취임식에서 "두 선생님 기록의 중간쯤인 8연패를 하고 싶네요"라고 농담조로 말했던 기억이 납니다.

10연패의 상대는 왕리청 9단이었습니다. 제6국의 입회인이 사카다 선생이었던 것은 멋진 우연이었습니다. 첫 수부터 18수쯤까지 흑백이 같은 모양으로 두어져, '(백이 흑의 수를 그대로 따라 두는) 흉내바둑 같네'라고 생각하며 20수째에서 변화를 준 것이 기억납니다.

기록을 달성하고 취임식에서 나는 이런 말을 했다고 합니다.

---

* 2022년 이야마 유타 9단이 본인방전 11연패를 달성하며 조치훈 25세(世) 본인방의 기록을 넘어섰다. 또한 이야마 9단은 기성전에서도 9연패를 달성했다. 그 밖의 3대 타이틀전 주요 연패 기록으로는 기성전에서 고바야시 고이치 명예기성이 8연패, 명인전에서 고바야시 고이치 명예명인이 7연패를 기록했다. 7대 타이틀로 범위를 넓히면 왕좌전에서 가토 마사오 명예왕좌가 8연패, 천원전의 전신인 일본기원 선수권전에서는 사카다 에이오 23세(世) 본인방이 7연패를 기록했다. 또한 오타케 히데오 명예기성(碁聖)은 '일본기원 제1위 결정전'에서 2연패한 뒤, 이를 계승하여 이후 기성(碁聖)전의 전신이 된 '전일본 제1위 결정전'에서 5연패를 달성했다. (다나카 사토시)

제53기 본인방전 제6국. 왕리청(오른쪽)의 도전을 물리치고, 10연패를 달성했다.

"10이라는 숫자에 도달했으니, 이제는 다카가와 선생의 9와 사카다 선생의 7을 더한 16을 목표로 하겠습니다. 16까지 간다면 거기에 이시다 9단의 5를 더해 21을 만들어보죠."

(코보리 케이지 지음,《홀로 황야를 향하여 – 조치훈 이야기》*에서)

뭐, 실제로는 이듬해인 1999년, 조선진 9단의 도전을 받아 2승 4패로 타이틀을 잃으며 두 번째 대삼관도 막을 내리게 되었습니다.

지금 돌이켜보면 '10'이라는 상징적인 숫자를 달성하고 나서 마음이 조금 느슨해진 면도 있었던 것 같습니다. 아무래도 나의 부족한 점은 이런 부분입니다. 사카다 선생이나 장쉬 9단처럼 안정적으로

---

* 원제 :《独リ荒野をめざせ 趙治勲物語》

실력을 발휘하지 못합니다. 이 두 사람은 나와 마찬가지로 '읽고 또 읽으며 싸우는' 유형의 기사들이지만, 나보다 수읽기가 더 정교하고 실수가 적습니다. 결국 나보다 강한 기사들이죠. 그들처럼 상대를 압도하며 이기는 것이 나에게는 좀처럼 쉽지 않았습니다. 지금 돌아보면 그 점이 아쉬움으로 남습니다.

두 번의 대삼관은 나에게 큰 자부심이지만, 그 시기 아쉬웠던 점도 있습니다. 세계대회에서 기대만큼 이기지 못했다는 것입니다.


## 전성기에 이기고 싶었다

첫 번째 대삼관 시절에는 아직 세계대회가 시작되지 않았지만, 1988년에 후지쓰배 세계바둑선수권, 1989년 응창기배 세계프로바둑선수권전의 초대 우승자가 탄생하면서 1990년대에 들어 점차 성황을 이루게 되었습니다.

초기에는 일본 바둑이 압도적으로 강했지만, 조훈현 9단과 이창호 9단 사제 콤비가 활약하기 시작했고, 1996년 내가 두 번째 대삼관이 되었을 때는 한국 기사들의 약진이 두드러졌습니다. 나는 '일본 대표'로서 일본 국내기전과 동등하거나 그 이상으로 각오를 다지고 임했지만….

뭐, 한국 기사들 약진의 근원에는 내 영향도 어느 정도 있었다고 생각합니다. 1980년 내가 명인에 오르면서 한국에서는 작은 바둑 붐이 일어났다고 합니다. 그 후 일본에서 수학하고 돌아온 조훈현 9단 문하에서 천재 이창호 9단이 성장하며 그 붐은 한층 더 가속되었습니다. 이세돌 9단을 비롯한 뛰어난 신예들이 잇달아 등장하며, 한국 기사들은 1990년대 중반부터 2000년대에 걸쳐 세계바둑계를 주도하게 되었습니다. 이창호 9단은 열네 살에 국내 타이틀을 획득하고 열여섯 살에 세계대회 타이틀을 차지했는데, 조훈현 9단의 내제자이기도 해서 같은 집에서 같은 차를 타고 타이틀전 대국장에 간 적도 있었다고 합니다.

그 후에는 창하오常昊 9단, 쿵제孔杰 9단, 구리古力 9단 등 중국 기사들이 두각을 나타냈는데, 이는 후지사와 선생의 영향이 컸다고 생각합니다. 1970년대, 아직 중국 바둑이 약하던 시절부터 후지사와 선생은 매년 중국을 방문해 당시 젊은 기사들을 열심히 지도하셨습니다. 네웨이핑聶衛平 9단이나 마샤오춘馬曉春 9단 같은 이들이죠. 조훈현 9단도 일본에서 후지사와 선생의 각별한 사랑을 받았으니, 결과적으로 한국과 중국 기사들을 강하게 만든 것은 후지사와 선생의 공로라고 해도 과언이 아닐 겁니다.

현재 세계대회에서는 커제柯洁 9단을 비롯한 중국 진영이 두터운 기사층을 앞세워 우위를 점하고 있으며, 신진서 9단을 비롯해 박정환 9단 등 한국 진영이 이에 맞서는 양상입니다. 이야마 유타 9단, 이치리키 료 9단 등 일본 기사들은 두 나라의 뒤를 추격하는 입장이기에 더 분발해주기를 바랍니다.

나는 1991년 후지쓰배와 2003년 삼성화재배에서 우승했습니다. 다만 후지쓰배는 결승전에서 중국의 첸위핑錢宇平 9단이 건강 문제로 기권했었고, 삼성화재배는 일본 국내기전에서 무관이 된 뒤에 거둔 우승이었습니다. 즉, 내가 가장 강했던 1990년대 후반에는 세계대회 타이틀과 인연이 없었습니다.

일본 대표라는 중압감은 그때까지 한 번도 느껴보지 못한 것이었습니다. '일본은 세계바둑계의 최고 선진국이다. 져서는 안 되고, 질리가 없다'는 압박감이었습니다.

제한시간 3시간에 대국자들이 회의실 같은 곳에 모여 일제히 대국하는 세계대회 특유의 방식도 나를 당황하게 만들었습니다. 아무래도 일본의 타이틀전은 훌륭한 대국 환경 속에서 진행되기 때문입니다. 3대 기전의 7번기라면 조용한 방에서 1천만 엔이나 하는 바둑판을 사용하여 꼬박 이틀 동안 주변을 신경 쓰지 않고 바둑에만 집중할 수 있습니다. 식사부터 이동에 이르기까지 모든 것이 대국자를 최우선으로 한 세심한 배려 속에 진행됩니다. 하지만 당시의 세계대회는 그런 환경과는 전혀 달랐습니다. 바둑판도 그냥 근처에 있던 것을 가져다 썼고, 대국 중에 일반 팬들이 바로 옆에서 바둑을 들여다보는 일도 있었습니다. 너무나 다른 환경이라 솔직히 동기부여를 유지하기가 힘들었습니다.

뭐, 훈현 씨도 창호 군도 같은 조건에서 두었으니 그런 것을 핑계 삼고 싶지는 않습니다만…. 1990년대만 해도 일본 기사들이 한국과 중국 기사들에게 실력이 뒤지지 않았다고 생각합니다. 실제로 바둑 잡지에서 기획한 번기 승부에서 나는 훈현 씨나 녜웨이핑 씨에게 이긴 적이 있습니다. 창호 군도 요다(요다 노리모토依田紀基 9단) 군에게는 상대 전적이 밀리는 것으로 알고 있고, 고이치 씨는 명인 시절 일중 명인전에서 중국 명인들을 상대로 압도적인 성적을 거두었습니다.

다만 한국과 중국 기사들은 세계대회에 임할 때 '여기서 반드시 결과를 내야 한다'는 각오가 대단했습니다. '일본을 따라잡고 추월하자'는 투지가 온몸에서 뿜어져 나오는 듯했습니다. 반면 일본 기사 중에는 "상금이 적은 세계대회에서는 전력을 다하기 어렵다"고 말하는 사람도 있었습니다. 나 자신은 세계대회의 의미와 무게를 충분히 이해하고 있었기에, 언제나 이길 각오로 바둑에 임했습니다. 하지만 결국 거기서 원하는 결과를 내지 못했습니다. 내가 내 바둑 인생에 백 퍼센트 당당할 수 없는 이유는, 그런 부분이 늘 부끄럽고 안타깝게 느껴지기 때문입니다.

이창호 9단.

## 제4회 동양증권배 세계선수권전 5번기 제3국 (1993년 6월 8일)

● 조치훈 9단(일본)　　○ 이창호 6단(한국) (덤 5집반)

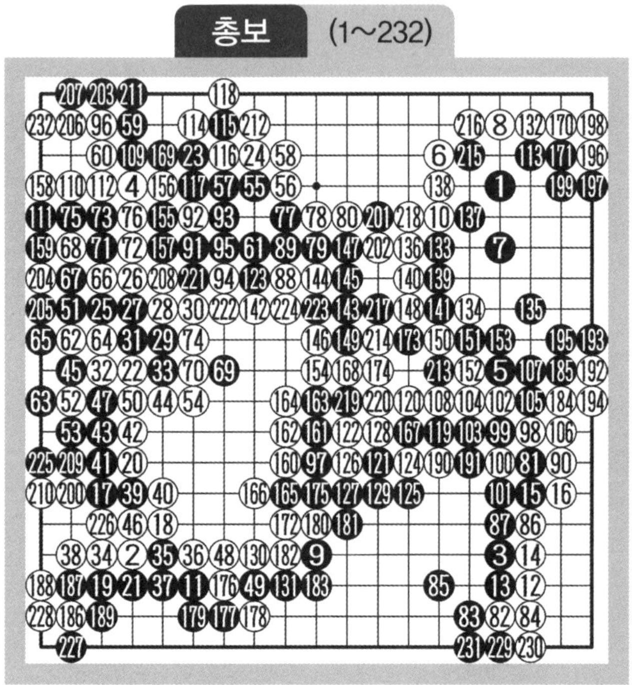



### 세계 1위를 걸고

"자랑스러운 후배예요, 창호 군은. 이야마 군이나 '토라'(시바노 도라마루芝野虎丸 9단)처럼 바둑이 강할 뿐만 아니라 인간적으로도 정말 훌륭해요. 그래도 이때는 아직 바둑판 위에서는 질 것 같지 않았고 이 바둑도 전혀 나쁘지 않았는데, 왜 졌는지 지금도 이해가 안 가네요."

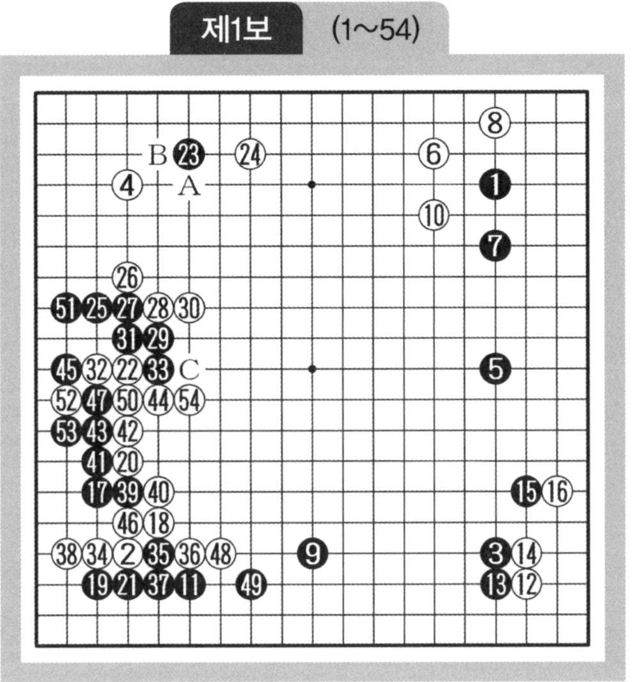

## 좌상에서 싸움을 걸다

‘한국의 천재소년’으로 세계에 이름을 떨친 이창호는 이때 열일곱 살이었다. 조치훈 9단과는 이번이 첫 대국이었다. 이창호의 스승 조훈현 9단과 조치훈 9단은 일본에서 치열하게 경쟁했던 사이인 만큼, 여러모로 감회가 깊은 한 판이었을 것이다.

이창호 6단의 연승으로 맞이한 제3국. 조치훈 9단은 삼연성 포진을 펼쳤다. 백12의 3·3 침입에 대해 이창호 6단은 "그 수보다는 흑17 자리에 받았어야 했다"고 평했다.

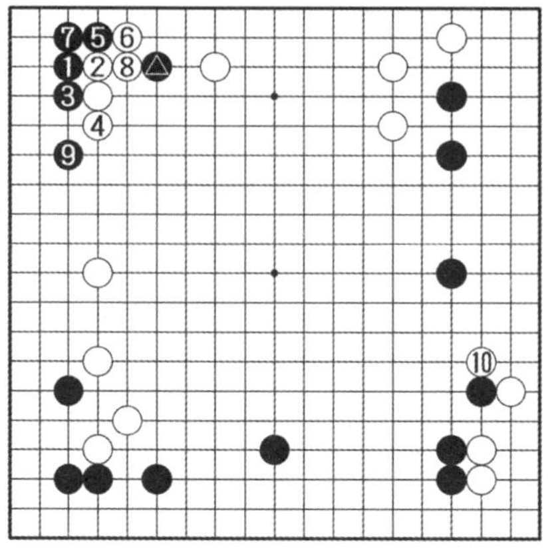

1도

조치훈 9단은 흑15의 날일자로 두어 선수를 잡고, 17의 자리에 양걸침을 했다. '여기가 절호점'이라는 인식은 두 대국자 모두 일치했던 듯하다. 백18의 마늘모 행마에 흑19로 3·3에 들어갔다. 백22까지는 "이렇게 될 자리입니다"라고 쓰루야마 8단이 평했다. 흑23의 걸침에 백24로 협공했을 때, 흑25의 침입은 조 9단다운 날카로운 수였다.

1도 흑1로 3·3에 들어가면 백10까지의 진행이 예상된다. 쓰루야마 8단의 평을 들어보자. "일반적인 진행이긴 합니다만, ▲가 폐석이 되고 상변 백 모양이 커지는 데다 우하귀도 크게 집이 될 것 같아요. 선생님은 더 좋은 수단이 없는지 고심하신 것 같습니다." 흑25의 침입은 좌변 백 대마와 정면 승부를 하려는 의도였다. 백이 A나 B로 좌상귀를 제압해 오면 흑은 28의 자리에 뛰고, 이어 C의 날일자로 씌워 좌변 백을 압박한다. "이건 백으로서 꽤 성가시겠죠"라고 쓰루야마 8단은 덧붙였다.

그래서 백도 26으로 어깨를 짚었지만, 쓰루야마 8단은 "33까지 머리를 내밀고 있는 자세가 좋아 흑이 기분 좋은 바둑"이라고 평했다. 백34로 좌변의 모양을 정비하려는 순간, 흑35로 찝은 것이 좋은 타이밍이었다. 백54까지 일단락되었으나, 흑은 좌변에서 확실히 안정된 형태를 갖출 수 있었다. "흑이 잘 대처했다고 볼 수 있겠네요."

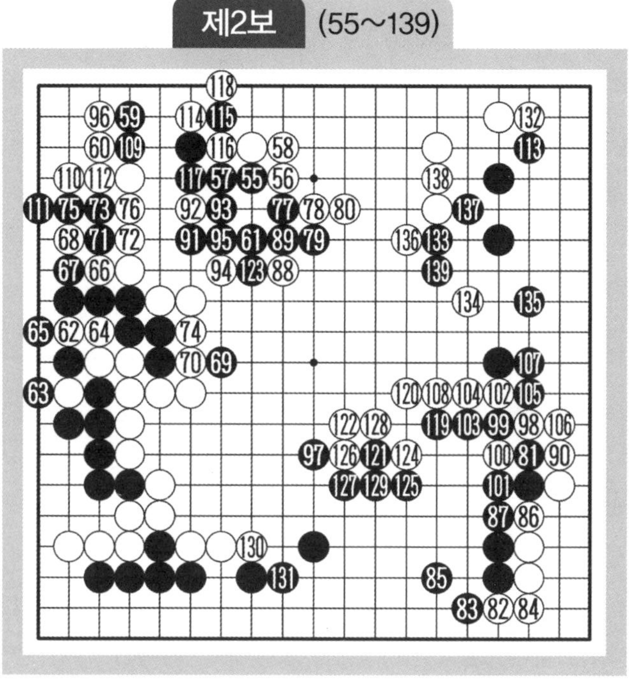

## 흑 약간 우세

　좌변에서의 싸움이 일단락되자 초점은 좌상귀로 옮겨졌다. 흑은 55로 붙이며 움직여 나간다. 흑61로 뛰는 것까지는 상식적인 진행이다. 백이 62~68까지 모양을 갖추자, 조 9단은 흑69로 공격을 시작했다. 흑71의 끊음에 대해 백72로 단수친 다음 백74로 되돌아간 것은 어쩔 수 없다. 2도의 백1로 늘면 흑12까지 진행되는데, 흑a와 흑b가 맞보기가 되어 백이 망한 형태다.

　흑75로 한 점을 잡고 백이 76으로 이어서 이곳도 일단락되었다. 흑

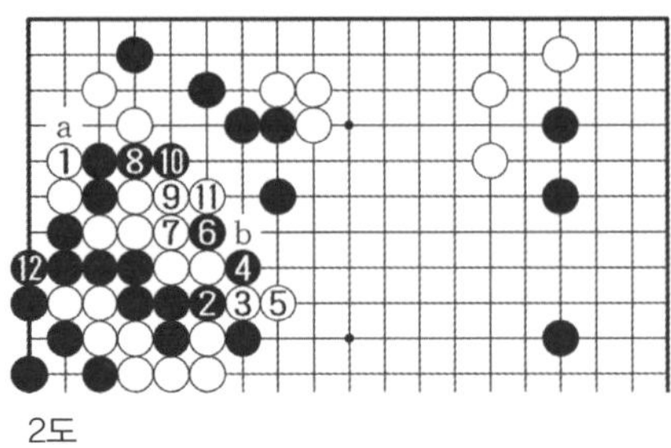

2도

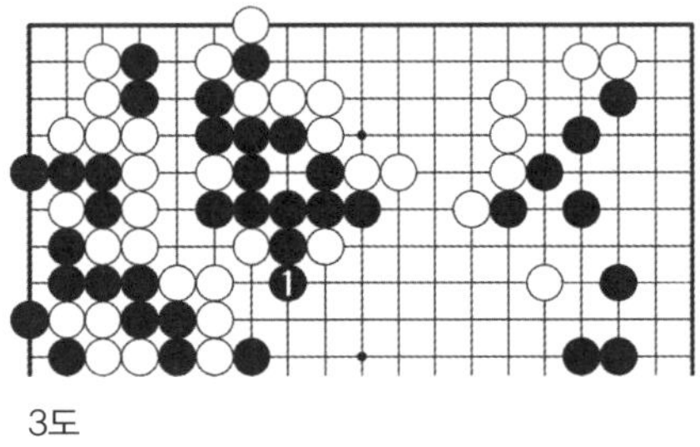

3도

은 77·79로 상변을 보강한 뒤, 81로 우하 쪽으로 손을 돌렸다. 이곳을 먼저 차지했으니 흑으로서는 불만이 없다.

흑97로 두 칸 뛰어 흑이 앞서고 있는 형세이다.

흑113으로 우상귀 지키는 데까지 진행되자, 쓰루야마 8단은 "흑이 잘 풀리고 있다"고 평했다. 집 차이는 확실히 흑이 앞선다. 좌상 흑 일단이 심하게 공격당하지만 않는다면 이대로 결승선에 도달할 수 있다. 그리고 "보기에도 그렇게 공격당할 돌이 아닙니다"라는 것이 쓰루야마 8단의 판단이다. 하지만 이 6단도 여기를 물고 늘어지지 않으면 기회가 없다. 백114의 붙임부터 서서히 흑에게 다가간다. 그러면서 조금씩 흑의 흐름이 흐트러지기 시작한다.

흑은 133~139까지 우상을 보강했으나, 쓰루야마 8단은 "139로는 3도 흑1로 늘어두는 것이 좋았다"고 말했다.

"이 한 수로 흑 대마는 거의 안정됩니다. 이렇게 두었다면 여전히 흑의 우세를 지킬 수 있었을 것입니다."

그러나 실전에서는 흑 대마에 대한 공격이 의외로 날카로워서 승리의 여신은 서서히 백에게 미소를 보내기 시작했다.

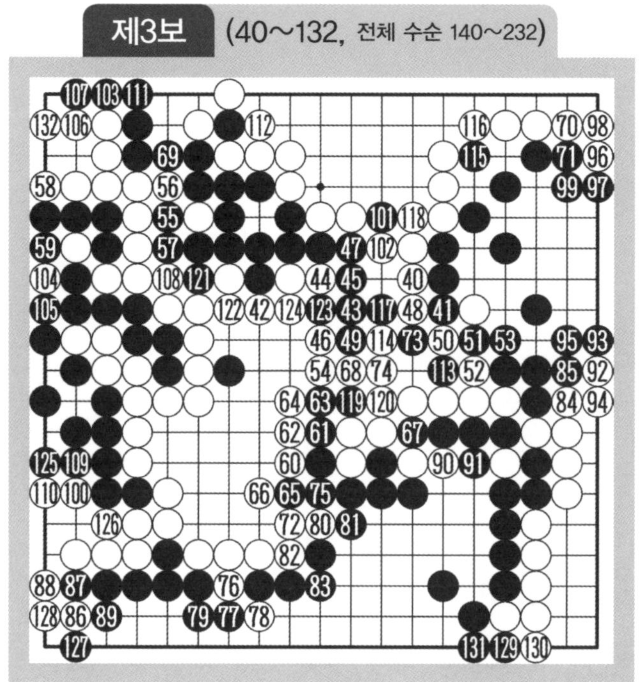



## 엎치락 뒤치락 끝에 마지막은 반집

백42로 막히면서 흑에게 먹구름이 드리운다. 흑55·57로 두 집을 내고 살 수밖에 없게 되자, 형세는 역전 분위기였다. 다만 백60은 위험한 수였다. 이 수로는 백90으로 나가고 흑91, 백67로 이어야 했는데, 그 수순을 생략한 탓에 흑67의 끊는 수가 기분 좋은 끝내기로 남게 되었다.

또한 백68에서도 4도의 백1로 단수를 치고 3으로 잡아두는 편이 좋았다. 흑4, 백5가 되어 백 네 점이 잡히는 수가 남지만, 그래도 상

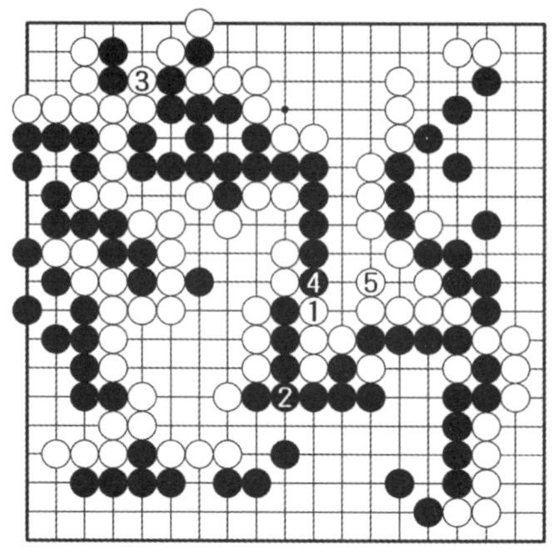

4도

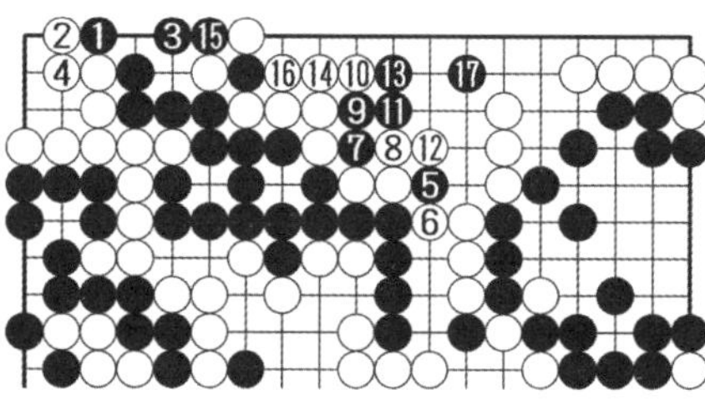

5도

변 두 점을 잡는 쪽이 더 컸다. 흑69로 두 점을 살려 다시 역전 분위기를 만들었지만, 흑에게 또다시 실착이 나오고 말았다.

흑101이 수순 착오였다. 5도의 흑1로 먼저 좌상귀를 젖혀두는 것이 순서였다. 지금은 백2로 막을 수밖에 없는데, 흑5에 백6으로 끊으면 흑7로 끊는 수가 성립한다. 흑17까지 상변은 수상전으로 잡히는 모양이지만, 흑을 잡기 위해서는 가일수가 여러 수나 필요하다. 그런데 먼저 101로 두는 바람에, 흑103의 젖힘에 백106으로 늦춰 받는 수가 가능해졌다.

그럼에도 제대로 두었다면 흑 반집승이었다. 마지막 패착은 흑109이다. 이 수로는 한 칸 왼쪽, 즉 125의 자리에 두었어야 했다. 백이 실전과 같이 110으로 두더라도 흑은 109 자리를 패로 버틸 수 있었다. 엎치락뒤치락한 결과는 반집패. 사실 제2국에서도 우세한 상황에서 실수가 나와 반집패를 당한 바 있었다.

두 번째 동양증권배 우승을 차지한 이 6단은 이후에도 세계대회에서 우승을 거듭하며 세계 최고 기사의 지위를 확립해 나갔다.

## 조치훈 · 고바야시 대담 ③

조치훈 명예명인과 고바야시 명예기성. 두 사람 대결의 하이라이트는 1990년부터 1992년까지 3기 연속으로 맞붙은 본인방전이다. 모두 아슬아슬한 승부 끝에 조치훈 명예명인이 승리했다. 헤이세이 바둑사에 길이 남을 명승부라고 불리는 이 대결을 두 사람은 어떻게 회고할까.



**조** 그 감상은 나도 좀 들어보고 싶네요.



**조** 아니요, 난 내가 이겼다고 생각하지 않아요.

**고바야시** 난 내가 졌다고 느꼈지.

**조** 아니, 그게 그 기간에도 기성과 명인은 계속 가지고 있었잖아? 그런데 왜 본인방전만 졌는지, 그게 참 궁금해.

**고바야시** 그건 정말 다시는 생각하기 싫은 악몽이야. 본인방이 될 기회가 무려 일곱 번이나 있었거든. 그 일곱 번 중에 단 한 판만 이겼어도 본인방이 되는 건데, 전부 다 져버렸으니까. 칠전팔기라고들 하잖아? 그런데 나한테는 그 여덟 번째 기회라는 게 없었어.

라이벌 대결의 클라이맥스. 제47기 본인방전 제7국.

**조** 이유가 뭐라고 생각해?

**고바야시** 글쎄 뭐랄까…. 결국 실력이 부족했던 거지.

**조** 에이, 그건 말이 안 되는 얘기고(웃음).

**고바야시** …역시 마지막엔 지쳐있던 것 같아. 명인과 기성을 방어하면서 본인방전 리그를 뚫고 도전자까지 된 거잖아. 거기까지 오면서 에너지를 꽤 써버린 거지. 본인방전은 5월부터 시작하잖아. 6월, 7월로 갈수록 점점 더워지거든.

**조** 더위에 약해? 아사히카와 출신이라서?

**고바야시**  그것도 있지.

**조**  그러고 보니 얼음 때문에 한 번 문제가 된 적이 있었지, 우리 둘 사이에. 나는 에어컨 같은 냉방을 잘 못 견디는 편인데, 고이치 씨는 에어컨을 좋아하잖아. 그래서 서로 의견이 갈려서 절충안으로 방 안에 얼음을 두기로 했잖아. 기억 안 나?

**고바야시**  자세한 경위는 기억나지 않지만, 그 얼음 이야기는 야마나카 온천에서였어(제46기 본인방전 제4국).

**조**  그런 일도 있었네. 내 방도 그렇지만 나는 에어컨을 켜는 경우가 거의 없어. 내 방은 2층이고 아내는 1층에 있는데, 2층에서 1층으로 내려가면 마치 열대지방에서 북극으로 가는 느낌이야. 내 방에 있다가 아래로 내려가면 '우와' 하고 정말 난리가 나는 것 같은 기분이야.

<u>마지막에 지쳤다는 건, 명인과 기성을 모두 가지고 있었기 때문인가요?</u>

**고바야시**  그렇죠. 엄청난 에너지가 없으면 남은 하나의 타이틀까지는 갈 수 없다는 거죠. 치훈은 아직 젊었을 때라 달성할 수 있었지만, 난 마흔 가까운 나이였거든요. 그러니까 에너지가 꽤 필요했죠. 명인과 기성을 방어하는 것만으로도 힘이 많이 들잖아요? 거기에 본인방 리그도 시작되고 거기서도 이겨나가야 하잖아요. 역시 그만큼 스태미나가 부족했던 것 같아요. 스스로도 지쳤다는 느낌이 들었으니까요.

**조**  평생 후회로 남겠네요! 고이치 선생님(웃음).

일곱 번이나 기회가 있었던 거잖아요.

**고바야시** 맞아요, 일곱 번이었죠. 그걸 모조리 지다니 나도 참…. 지금도 기억나는데, 처음 도전했을 때인 1990년이었죠. 히로시마에서 둔 제4국에서 둘째 날 점심 막 지난 무렵에 치훈이 착각을 해서 바로 돌을 던져버렸어요. 그래서 내가 3승 1패가 된 거예요. '드디어 치훈도 항복했구나!'라고 생각했죠(웃음). 그 직후에 모터보트를 타고 인노시마 쪽을 한 바퀴 쭉 돌았는데….

**조** 관광하고 있었던 거야?

**고바야시** 오후 한 시인가 두 시쯤에 끝나버렸으니까. 치훈은 코보리 씨랑 여기저기 돌아다녔다고 하더라고.

**조** 우리 둘이 같이 관광한 건 아니었네.

**고바야시** 나는 따로 초대를 받았어. 거기가 배를 여러 대씩 가진 분들이 계신 곳이었거든. 그때는 나도 기분이 꽤 좋았지. '드디어 본인 방을 손에 넣는구나' 싶었으니까(웃음). 정말 그때는 '승부는 이미 끝났다'는 기분이었어. 4국은 지는 내용이 워낙 안 좋았거든. 게다가 2승 2패가 되는 것과 3승 1패가 되는 것은 엄청난 차이잖아. 지금 생각해 보면, 그게 오히려 위험했어(웃음).

**조** 그 이후에는 어땠어? 바둑 내용은.

**고바야시**  어땠더라…. 내용이 별로 안 좋았던 것 같아.

사카다 선생이 하시모토 우타로 선생에게 도전했을 때의 '쇼센쿄昇仙峽 상황' 같네요.

**고바야시**  그렇죠, 역시 마음에 빈틈이 있었던 것 같아요. 그때는 '이 겼을 때일수록 투구 끈을 조여라'라는 마음가짐이 부족했죠.

그 시기에는 라이벌 의식이 당연히 있었겠죠?

**고바야시**  천하를 놓고 다투는 처지니 라이벌 의식은 당연히 있었죠.

**조**  그때는 고이치 씨가 타이틀 두 개를 가지고 있었잖아. 나는 하나 였고. 그러니까 서로 대등하진 않았지.

입장이 역전되었군요.

**조**  그렇죠, 역전되었죠. 그때는 '고이치 씨가 이기는 게 당연하다'는 분위기였고, 그전에는 '내가 이기는 게 당연하다'는 느낌이었어요. 그래서 진정한 의미의 '막상막하의 승부'는 없었을지도 몰라요.

아, 그렇군요. 어느 한쪽이 항상 우위에 있었던 거네요.

**조**  맞아요. 그땐 '밑져야 본전'이랄까, 내가 한 수 아래라는 마음으 로 뒀어요.

치훈 선생님은 세 번이나 방어한 것이 기적이라고 말씀하셨죠.

**고바야시**  첫 번째 타이틀전 때, 치훈 씨가 전야제에서 대단한 예언을 했어요. "여러분 모두 고이치 씨가 이길 거라고 생각하시죠?"라고 하더니 "하지만 7국까지 간다면 제가 이깁니다"라고 했거든요(웃음). 1국 전야제였어요. 아카사카 프린스호텔에서 했을 때였지요. 그렇게 예언을 했는데, 정말 현실이 됐어요.

**조** 제7국은 어땠어?

**고바야시** 어땠더라. 내가 끝내기에서 큰 실수했던 게 아닌가.

두 분은 워낙 대국을 많이 한 사이니까, 서로 무얼 하려는지 대충 알지 않았나요?

**고바야시** 어느 정도는요. 그래도 매번 말도 안 되는 수가 나와요. 전혀 예상치 못한 수가 말이죠.

**조** 여러 번 말씀드리지만, 고이치 씨 바둑이 내가 가장 어려워하는 바둑이에요. 그래서 늘 고이치 씨가 나보다 실력이 위라고 생각해왔고요.

**고바야시** 그래? 그걸 진작에 말하지 그랬어(웃음). 그랬으면 좀 더 편하게 됐을 텐데(웃음). 지금 와서 말해봐야 소용없지(웃음).

**조** 난 줄곧 그렇게 생각해왔어. 뭐랄까, 나는 정석적이고 단정한 바둑은 잘 못 둬요. 오히려 좀 엉뚱하고 제멋대로인 바둑이 더 좋아요.

"슈사쿠의 바둑은 일본 문화의 극치"라는 고바야시, "바둑의 역사는 슈사쿠가 정통파"라는 조치훈.

**고바야시** 나는 본인방 슈사쿠秀策라는 분을 동경해서 여러 번 기보를 놔봤어요. 정말 도움이 많이 됐죠. 슈사쿠의 바둑은 아주 체계적이고 균형 잡힌 바둑이에요. 논리정연하다고 할까요. 역시 저렇게 둬서 이길 수 있다면 그게 가장 이상적이라고 생각했어요.

**조** 바둑의 역사라는 건, 슈사쿠가 정통파라고 생각해요. 우리 세대의 선배들 중에서는 린하이펑 선생이 그 계열이라고 보고요.

**고바야시** 하지만 린하이펑 선생은 슈사쿠를 싫어한다고 하셨어. 직접 본인한테 들었지.

**조** 아, 그래?

린하이펑 명예천원.

**고바야시** 변화무쌍한 바둑이 더 좋다고 하셨어. 일본은 섬나라라서 사회가 비교적 질서정연하게 짜인 면이 있거든. 다른 나라들은 좀 더 역동적이잖아. 하지만 일본은 섬나라였기에 다른 나라의 식민지가 된 적도 없지. 그런 역사가 있어서 독특한 문화가 형성된 면이 있다고 생각해. 그 정점이 바로 슈사쿠야.

**조** 그래서 나는 슈사쿠 같은 '정통파'가 어려워.

**고바야시** 바둑이 정석적이니까 그렇겠지. 치훈은 변화가 많은 바둑을 더 좋아하잖아?

**조** 맞아. 그래서 가토 씨 같은 분한테는 성적이 좋아. 고이치 씨는 가토 씨한테 성적이 안 좋았잖아.

**고바야시** 철저히 당했지. 그래서 가토 씨를 어려워했어.

가토 선생님 같은 '공격해 들어오는 바둑'에는 강하셨던 거군요?
**조** 나는 받아치는 것을 좋아해요. 내가 먼저 판을 주도할 만큼 강하지 않거든요. 정말 강한 사람들은 스스로 판을 짜서 공격하잖아요.

나는 상대가 공격할 때 카운터로 되받아치는 스타일이에요. 그래서 고이치 씨나 린 선생 같은 '정통파'는 참 어렵더라고요.

**고바야시**  요다나 이창호도 그 부류에 들어가려나?

**조**  요다도 그렇지 않아? 바둑의 '질'로 보면 슈사쿠에 필적할 정도야. 창호도 물론 슈사쿠 계열이지. 슈사쿠의 바둑은 역시 존경스러워. 자신에게 없는 걸 가진 사람은 존경하게 되잖아.

**고바야시**  맞아, 슈사쿠는 정말 대단한 바둑이야. 평범한 수를 두는 것 같은데 그대로 밀어붙여서 이겨버리니까.

**조**  내가 방금 말한 '정통파' 사람들은 모두 바둑이 정직해. 형세가 나빠져도 승부수를 던지지 않거든.

**고바야시**  그건 좀 곤란한데(웃음). 그냥 조용히 져버린다는 거야?

**조**  아니, 정말 정직하게 바둑을 두는 거야. 설령 진다고 해도 자신이 옳다고 생각하는 수를 두는 거지. 나 같은 사람은 형세가 좋을 때도 엉망진창으로 두지만 말이야. 하지만 난 그런 사람들을 존경해. 요다도 그렇지만, 아무리 불리해도 끝까지 정수를 두거든.

**고바야시**  우후후후, 승부하는 사람이 그러면 좀 곤란하지 않나(웃음).

그런데 고이치 선생님의 제자 고노린河野臨 9단도 그런 스타일 아닌가
요?

**고바야시**  음, 고노린도 그런 면이 있을까요. 뭐, 내가 워낙 아끼니까
요. 나를 조금은 존경할 텐데, 존경하다 보면 닮아버리는 법이거든요
(웃음).

(228쪽에서 이어집니다.)

# 제5장

## 잔심*

### 슈퍼스타가 되지 못했다

*끝난 일에 대해 아쉬움이나 미련이 마음에 남아있는 상태

## 제자를 들이다

쇼와 시대가 끝나고 헤이세이 시대로 접어들 무렵, 나의 제자가 되고 싶다는 소년들이 한국에 있던 형(조상연 7단)을 찾아왔습니다. 나 또한 기타니 도장에서 자란 경험이 있었기에, 이제는 제자를 키워보는 것도 좋겠다고 생각하기 시작하던 무렵이었습니다.

1년 정도 형 밑에서 공부하다 1992년에 일본에 온 아이들이 수준(김수준 9단)과 광식(김광식 7단)이었습니다. 그 후 '내제자가 둘뿐인 것도 좀 그렇네'라는 생각이 들어, 신문사 행사 등의 인연으로 지방 소년들을 지도할 때 '이 아이다!' 싶은 아이들에게 말을 걸어 입문을 권했습니다. 그렇게 해서 프로가 된 이들이 마쓰(마쓰모토 다케히사 8단)와 쓰루(쓰루야마 아쓰시 8단)입니다. 제자가 가장 많았을 때는 내가 운영하던 바둑 살롱을 숙소로 개조해 일곱 명이 함께 지내기도 했습니다.

제자들에게는 '가르친다'기보다 '같이 공부한다'는 느낌에 가까웠습니다. 내제자는 아니어도 주 3회 정도 찾아오는 젊은 기사들도 있어서, 다 합치면 바둑 살롱에는 항상 스무 명 정도가 모였습니다. 입단한 뒤에도 제자들은 근처에 방을 얻어 공부 모임에 참여했기에 아

조치훈과 제자들. '가르친다기보다 같이 공부하는 느낌이었다'는 조치훈.

주 활기찬 분위기였습니다.

내제자를 들이고 공부 모임을 하는 방식은 아마 2007년쯤까지 계속했던 것 같습니다. 그만둔 이유는 무엇보다 내가 약해졌기 때문입니다. '나에게 오는 것보다 도쿄에서 동료끼리 서로 경쟁하며 단련하는 편이 더 도움이 되겠구나'라고 생각했거든요. 앞으로 다시 내제자를 받을 생각이 있느냐고요? 음…. 식사부터 이것저것 챙겨줘야 하는데, 아내가 없는 지금으로서는 아무래도 힘들겠네요.

바둑의 '질'이 가장 좋았던 제자는 수준이었다고 생각합니다. 광식이는 나와 비슷하게 복잡한 난전을 유도하며 싸우는 바둑이었어요. 마쓰는 수를 빨리 보는 천재형이었고, 쓰루는 머리가 좋아서 뭐든지 잘하는 아이였죠. 뭐, 바둑 기사는 어느 정도 '바둑 바보' 같은 아이가 더 강해지는 법이라, '뭐든지 참 잘한다'는 게 조금 걱정되기도 했지만….

바둑이라는 것은 바보라면 둘 수 없습니다. 하지만 프로로서 진정으로 강해지기 위해서는 '똑똑한 아이'에서 한 번쯤은 벗어나 바보가 될 필요가 있어요. 무엇이든 잘하는 '똑똑한 아이'는 쓸데없는 능력과 잔재주를 덜어내고, 바둑에만 집중하는 '바보'가 되어야 합니다. 그래야만 기사로서 단단한 중심이 생기고, 확실한 실력을 몸에 익힐 수 있습니다. '바둑 바보'가 되어야 하는 것이지요. 나는 예전부터 그렇게 생각해 왔습니다.

쓰루는 꾸준히 노력해 본인방전 리그에 진입했고, 이제 막 꽃을 피우기 시작했습니다. 어디에 내놔도 부끄럽지 않은 바둑 기사로 성장했죠. 그런 모습을 보니 스승으로서 정말 기쁩니다.


## 제자가 말하는 스승 조치훈


조치훈 명예명인은 제자들에게 어떤 스승이었을까. 내제자 생활을 했던 쓰루야마 아쓰시 8단에게 당시의 이야기를 들어보았다.

쓰루야마 8단이 조치훈 명예명인 문하에 들어간 것은 1993년, 초등학교 6학년 때라고 들었습니다. 입문하게 된 경위를 들려주시겠습니까?

**쓰루야마** 초등학교 5학년이 끝나갈 무렵이었어요. 그때 저는 구마모토시에 살고 있었는데, 치훈 선생님이 전국을 돌며 어린이들을 지도하는 기획으로 구마모토에 오셨습니다. 당시 저는 아마추어 5단 정도였던 것 같아요. 3점을 깔고 두었는데, 불계로 졌지만 선생님께서

"내제자가 되어보지 않겠니?"라고 권해주셔서 입문하게 되었습니다. 그 당시에는 어떤 분들이 내제자로 있었나요?

**쓰루야마** 한국에서 와서 저보다 먼저 내제자로 있던 분이 김수준 씨와 김광식 씨였습니다. 그리고 소년소녀바둑대회에서 연속 우승했던 마쓰모토 다케히사 씨가 선배로 있었습니다. 제가 입문했을 때는 또 한 명의 내제자가 있어서, 총 다섯 명이 함께 공부했습니다. 선생님 댁 옆에 있는 바둑 살롱 안에 방을 마련해 주셔서, 거기서 모두 함께 숙식하며 생활했어요. 내제자는 많을 때는 일곱 명까지 있었는데, 모두 아이들이라서 공동생활은 꽤 즐거웠습니다.

그 시절 일상은 어땠나요?

**쓰루야마** 아침에 일어나 학교에 가고…, 일찍 귀가할 수 있도록 학교 측에 미리 양해를 구했던 것 같아요. 돌아오면 내제자들끼리 대국을 하거나 기보를 놓아보았습니다. 선생님께서 "기보를 100수까지, 매일 10국을 외워라"라고 말씀하셨거든요. 선생님도 매일 공부하러

조치훈 문하의 쓰루야마 아쓰시 8단.

오셔서 우리와 함께 기보를 보고 복기하셨습니다. 고노 미쓰키河野光樹 씨나 가토 도모코加藤朋子 씨 같은 젊은 기사분들도 자주 오셔서, 항상 열 명 이상은 살롱에 있었던 것 같습니다. 선생님도 한창 타이틀

을 많이 따던 시기여서, 분위기가 팽팽하게 긴장돼 무서울 정도였어
요.

### 조치훈 명예명인은 어떤 식으로 지도하셨나요?

**쓰루야마** "이렇게 두어라"라고 강요하지는 않으셨어요. 개성을 존중
해주셨던 것 같아요. 선생님의 기풍과 다른 수를 두어도 아무 말씀
도 하지 않으셨습니다. 다만 "이런 수는 두면 안 된다"라는 말씀은 자
주 하셨어요. 엉뚱한 곳을 두면 "눈이 가서는 안 될 곳에 가 있다"라
거나 "그런 수는 있을 수 없다"며 꾸짖으셨어요. 하지만 충분히 고민
한 끝에 나온 착각이나 실수라면 "그건 어쩔 수 없지"라며 넘어가셨
습니다. 한 달에 몇 번은 연구회를 열어 아키야마 지로秋山次郎 선생이
나 고노 씨 같은 분들이 와서 공부하곤 했는데, 그때 우리도 그 자리
에 함께 끼워주셨어요. 프로가 된 후에도 내제자 생활을 계속하다가,
어느 정도 나이가 차서 근처에 집을 얻어 오갔습니다. 저도 스무 살
에 독립할 때까지 선생님 댁에 있었습니다.

### 바둑을 떠나서는 어떤 생활을 하셨나요?

**쓰루야마** 선생님은 정말 자상하셨어요. 여러모로 세심하게 챙겨주셨
죠. 생일이나 승단 같은 좋은 일이 있으면 선생님 댁 마당에서 바비
큐 파티를 했습니다. 선생님께서 직접 앞장서서 고기를 잔뜩 사 오시
곤 했어요. 그럴 때 술이 한잔 들어가면 여러 가지 이야기를 해주셨
습니다. 뭐, 대부분 바둑 이야기였지만요. 평소에는 유머러스하고 유
쾌한 분이셨습니다. 하지만 대국 전후에는 날카로운 긴장감이 감돌
았죠. 당시엔 일 년 내내 중요한 대국들이 있었기 때문에, 마음 편히

쉴 시간이 거의 없으셨던 것 같아요. 식사는 사모님과 사모님의 어머님 - 우리는 '할머니'라고 불렀는데—께서 만들어주셨는데, 정말 맛있었어요. 감기에 걸리면 살롱 방에서 선생님 댁으로 옮겨서 간호해주셨어요. 우리를 정말 친자식처럼 대해주셨습니다.

조치훈 명예명인이 개나 고양이를 길렀다고 들었는데, 제자들도 반려동물을 돌봤나요?

**쓰루야마** 제가 있을 때는 시베리안 허스키가 한 마리 있었는데, 산책시키는 것도 내제자의 일과 중 하나였어요. "바둑을 두는 데는 기술뿐만 아니라 체력도 필요하다"는 것이 선생님의 지론이었고, 그래서 체력 단련에도 직접 앞장서셨어요. 테니스를 치기도 하고, 함께 새벽 마라톤을 하기도 했어요. …새벽 마라톤 얘기가 나와서 말인데, 한 번은 내제자 전원이 늦잠을 잔 적이 있었어요. 급히 집 밖으로 나가보니 선생님이 문 앞에 앉아 기다리고 계시더군요…. 그때는 정말 무서웠습니다.

제자 입장에서 본 기사 조치훈은 어떤 분입니까?

**쓰루야마** 정말 위대한 존재입니다. 단순히 통산 타이틀 수 1위라는 기록 때문만이 아니라, 바둑에 대한 철저하고 엄격한 태도가 경이로울 정도예요. 치훈 선생님처럼 바둑이 인생의 전부인 분은 또 없을 겁니다. AI 시대가 된 지금 생각해 보면, 선생님의 바둑은 어떻게 보면 AI 같았습니다. 상대에게 모양을 만들게 한 뒤 그 안으로 파고들어 이기는 스타일이거든요. 당시에는 '선생님의 바둑은 좀처럼 흉내 내기 어렵다'고 느꼈지만, AI를 보면 '시대를 앞서가고 있었던 게 아닐까' 하는 생각이 듭니다. 후지사와 슈코 선생님과의 기성전 7번기는 내제자 모두가 기보를 놓아보며 정말 좋아했던 대국입니다.



**쓰루야마** 제가 내제자가 되었을 때 선생님은 30대 후반이셨는데, 지금의 저보다도 젊으셨어요. 그렇게 생각하면 정말 대단한 일을 하고 계셨던 거예요. 제가 내제자 시절에 선생님께 받았던 것들을 떠올리면 '과연 나도 남의 아이를 맡아 그렇게까지 할 수 있을까' 하는 생각이 듭니다만…. 그래도 선생님께 받은 '은혜'를 '갚는' 일에 대해서는, 언젠가 해야 하지 않을까 하는 마음을 늘 가지고 있습니다. 선생님께서도 '기타니 선생님께 받은 은혜'를 자주 말씀하셨거든요. 그게 어떤 형태가 될지는 지금으로서는 아직 알 수 없지만요.


## 우리 집 개와 고양이


제자 이야기를 한 김에, '또 하나의 가족' 이야기도 해볼까 합니다. 기타니 선생님 댁에서 독립한 이후로 우리 집에는 언제나 개나 고양이가 함께 있었습니다.

아내는 고양이를 좋아했어요. 도쿄 나카노의 나베야요코초에 살 때, 내가 페르시안 고양이를 한 마리 길렀습니다. 이름은 '파둑'이라고 지었죠. 그때는 아직 결혼하기 전이었지만, 아내가 거의 매일 집에 오다 보니 나보다 아내를 더 잘 따랐어요. 도쿄 센다가야에 살 때는 파둑을 어깨에 올리고 산책을 하곤 했습니다.

참고로 파둑パドゥク은 한국어로 바둑을 뜻합니다. 중국어권에서는 바둑을 웨이치圍棋라고 하고, 서양에서는 일본 기사들이 보급 초기부터 중심적인 역할을 했기 때문에 대부분의 나라에서 '고GO*'라고 부릅니다.

고양이는 신장이 약한 동물이라고 하죠. 파둑도 요로결석을 앓고 있었는데, 가마쿠라로 이사 오자마자 세상을 뜨고 말았어요. 나와 아내가 침통해하자 보다 못한 수의사 선생님이 연락을 주셨습니다. "유기견이 한 마리 있는데, 혹시 길러보시겠어요?" 그렇게 해서 우리 집에 오게 된 게 보기ボギー였습니다.

암컷 믹스견이었는데 생김새가 좀 못생겨서, 골프 용어인 '보기', 즉 '기준 타수인 파보다 한 타 많은 조금 부족한 점수'라는 뜻으로 이름을 붙였지만, 실은 자랑스러운 가족이었습니다.

기사라즈에 살 때, 마트에 보기를 데리고 가서 입구에서 "기다려"라고 말해 놓고 장을 본 뒤, 그만 깜빡하고 보기를 잊은 채 집으로 돌아온 적이 있었습니다. 그랬더니 밤에 전화가 왔어요. "댁의 개 아니에요? 계속 기다리고 있어요."

깜짝 놀라서 데리러 갔습니다. 몇 시간 동안이나 조용히 앉아 있었다고 하더군요. 그만큼 똑똑하고 착한 아이였어요. 이웃들에게도 귀여움을 많이 받았습니다.

가마쿠라에 살 때는 처음에는 집 안에서 키웠는데, 아이가 생기면서 "이젠 실내는 좀 곤란하지 않을까" 하는 이야기가 나왔어요. 그래

---

* 바둑의 일본어인 碁(고)에서 유래.

서 어느 날 밖으로 내보냈습니다. 가슴 아팠지만 어쩔 수 없었죠. 보통 "왜 지금까지 함께 있었는데 나만 집 안에 들여보내 주지 않는 거야?"하며 낑낑대는 개가 많다고 하는데, 보기는 하루 만에 그런 환경 변화를 받아들여 주었습니다.

따로 목줄도 채우지 않고 거의 '방목'하듯 키웠어요. 지금으로선 상상하기 어렵지만, 당시엔 그런 경우가 꽤 있었습니다. 자유롭게 돌아다닐 수 있었기 때문에 자주 이웃집에 놀러 가곤 했죠. 낯선 사람이나 수상한 사람이 오면 짖기도 해서, 마치 동네 전체를 지키는 '경비견' 같은 존재였습니다. 그렇지만 그런 걸 불편하게 여기는 사람도 있어서, 어느 날 "줄을 묶어 달라"는 요청이 들어왔습니다. 그래서 돌아다니지 못하게 울타리를 쳐서 그 안에 넣었더니, 이번엔 다른 이웃에게서 "보기가 놀러 오지 않으니까 허전해요, 예전처럼 해주세요"라고 하기도 하고…. 그 보기도 지바시 도케의 지금 집으로 이사 온 지 얼마 지나지 않아 우리 곁을 떠났습니다. 화장해서 정성껏 장례를 치러 주었어요.

그 후에도 허스키를 키우기도 하고 고양이에게 먹이를 주며 지내기도 했습니다. 사실은 골든 리트리버를 키우고 싶었는데, 펫숍에 가보니 마음에 드는 아이가 없더군요. 점원이 "허스키라면 있습니다"라고 해서 '이 아이도 괜찮겠지' 하며 데려왔습니다. 그런데 이 녀석이 정말 잘 뛰더군요; 달리고, 또 달리고…. 개는 참 좋아요, 사람을 잘 따르니까요. 그러고 보니 기타니 선생님 댁에도 개가 있었던 것 같네요.

먹이를 주며 길들인 건 '즈즈'라는 이름의 고양이였습니다. 마당에서 바비큐를 하고 있는데 다가오기에 고깃덩어리를 던져 주자 잘 먹더군요. 몇 번인가 그렇게 하다 보니 아예 눌러앉게 되었습니다. 너무 뻔뻔해서 그런 이름* 을 붙였어요. 중성화 수술도 해줬습니다. 집 안에서는 다른 고양이를 키우고 있었기 때문에 즈즈는 줄곧 '밖에서 사는 고양이' 같은 존재였어요. 나이를 먹으면서 치매가 왔고, 그러던 어느 날 집 앞에서 교통사고를 당해 세상을 떠났습니다. 마당에 묻어 흙으로 돌려보냈지요.

지금은 치와와 두 마리를 키우고 있습니다. 수컷은 열세 살로 이름은 '하나'인데, 털은 흰색이라기보다 약간 갈색이 섞여 있어요. 암컷 '키비'는 열 살이고 털은 검은색입니다. 원래 아내가 나라 시대 학자이자 정치가인 '기비노 마키비'에서 따서 '마키비'라고 지었는데, 부르기 어렵다 보니 내가 멋대로 줄여 '키비'라고 부르고 있습니다.

키비는 조금 병약한 편이라 딸이 늘 걱정하고 있습니다. 개나 고양이가 죽으면 너무 슬퍼서 '이제 그만 키우자'고 마음먹지만, 어느새 또 키우게 되더군요.

이제 바둑 이야기로 돌아가겠습니다. 1999년에 본인방전에서 패하면서, 두 번째 대삼관이 막을 내렸습니다.


## 세 번째 정상을 향하여

이듬해인 2000년에는 기성과 명인마저 잃고 무관이 되었습니다. 이 무렵부터 이런 생각을 하기 시작했습니다. '세 번이나 정상에 설

---

* 'ずうずうしい'는 뻔뻔하다, 염치없다는 뜻.

수 있다면, 나도 슈퍼스타라 할 수 있겠지'라고요.

바둑이나 쇼기뿐만 아니라 노래나 예능의 세계에서도 '한 번'은 운으로 오를 수 있습니다. '두 번'은 실력이 필요하지만 그런 사람은 제법 있습니다. 그러나 '세 번'은 좀처럼 없습니다. 그렇게 생각하게 되었습니다.

세계대회에서는 두드러진 활약을 하지 못했고, 국내기전에서도 기복이 심해 만족할 만한 성적을 거두지 못했습니다. 그렇게 생각하던 나에게 '세 번째 정상'은 새로운 목표가 되었습니다. 그 기회가 찾아온 것은 10년 가까이 지난 뒤였습니다. 2008년 기성전에서 야마시타 게이고山下敬吾 9단에게 도전하게 된 것입니다.

야마시타 9단은 홋카이도 아사히카와시 출신으로 1978년생입니다. 나보다 스물두 살 어립니다. 아마 강호인 고故 기쿠치 야스오씨가 대표로 있던 료쿠세이 바둑학원에서 수학했으며 1993년에 입단했습니다. 현재까지 23개의 타이틀을 획득했습니다. 두터우면서도 날카로운 공격력을 겸비한 기풍으로, 하네 나오키 9단, 다카오 신지高尾紳路 9단, 장쉬 9단과 함께 '헤이세이 사천왕'이라 불리는 일류 기사입니다.

예전부터 게이고의 바둑을 좋아했습니다. 자신의 길을 믿고 꿋꿋이 나아가는 느낌이 들었거든요. 싸움바둑이라 나와 상성도 잘 맞았습니다. 이때의 7번기도 대접전이었습니다. 제4국에서 벼랑 끝으로 몰린 뒤, 제5국과 제6국을 연승하며 승부는 제7국으로 이어졌습니다.

이 대국의 관전기에는 해설을 맡은 요다 9단(사진 뒷줄 왼쪽)이 이렇게 말했다고 쓰여 있습니다. "올해 남은 대국에서 한판도 못 이겨도 좋으니, 이 바둑만은 꼭 이기고 싶다. 그게 7번기 제7국이라는 것

야마시타(오른쪽)에 도전한 제32기 기성전 제7국. 왕좌 탈환의 꿈은 끝내 이루어지지 않았다.

이다."

정말 그런 심경이었습니다. 격렬한 패싸움 속에서 대형 바꿔치기가 일어났고 치열한 접전이 이어졌지만, 나는 이 판을 놓치고 말았습니다. 3승 4패, 종이 한 장 차이로 도전에 실패했습니다. 그리고 이 대국이 기성·명인·본인방 3대 타이틀전에서의 '마지막 큰 승부'가 되었습니다.

기성은 8회를 차지했기에 앞으로 2회만 더 획득하면 '명예기성'이 될 수 있는 상황이었습니다. 기성·명인·본인방 3대 타이틀 모두에서 명예 칭호를 획득한 기사는 아직 아무도 없습니다. 그게 이루어진다면 '세 번째 정상'이라 생각했지만….

그해 마지막으로 남아 있던 십단마저 다카오 군에게 빼앗기며 나의 7대 타이틀 역사는 막을 내렸습니다. 그래요, 결국 나는 '슈퍼스타'가 되지 못했습니다.

## 제32기 기성전 7번승부 제7국 (2008년 3월 19, 20일)

● 조치훈 십단　　○ 야마시타 게이고 기성 (덤 6집반)

**총보**　(1~258)

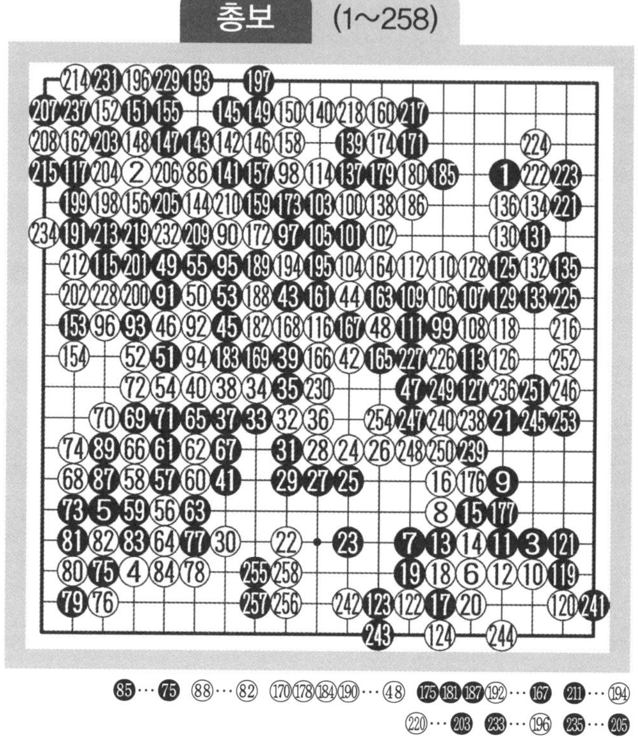



## 마지막 큰 승부

"이 바둑은 사실 별로 기억에 남아 있지 않아요. 다만 '7국까지 올 수 있었다'는 만족감은 있었습니다. '이기면 세 번째 정상에 가까워진다'는 '잡념'도 있었을지 모르겠네요. 결과적으로 그 '잡념'이 좋지 않았던 것 같아요."

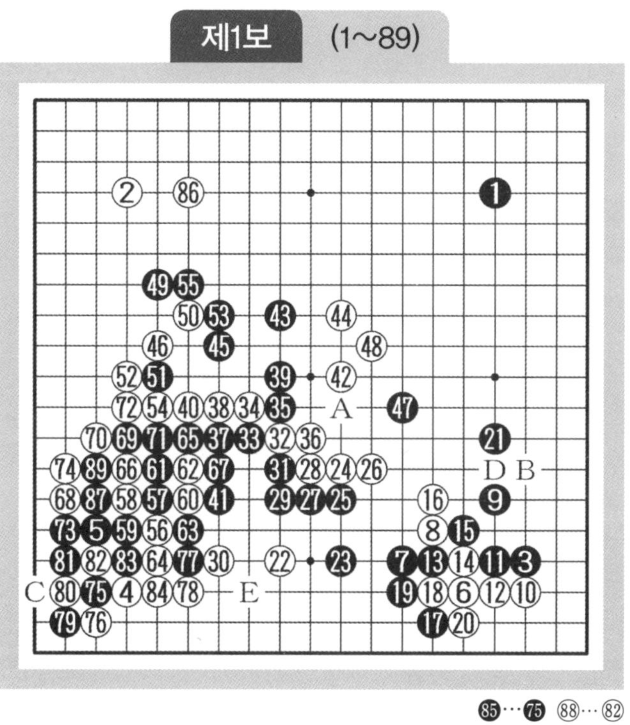


## 우위를 점하다

　당시 십단 타이틀을 보유하고 있던 조치훈 명예명인이 오랜만에 맞이한 기성 도전이었다. 1승 3패 뒤 2연승으로 맞이한 최종국. 통산 9번째 기성 획득이 걸린 한 판이다.

　이 바둑은 중반 이후에 볼거리가 많으므로 초반은 빠르게 살펴보자. 백6의 걸침에 흑7의 한 칸 높은 협공. 21까지는 다소 고전적인 정석이다. 백22의 협공은 좌하 쪽과의 균형을 맞추려는 수다. 백34의 이단 젖힘은 "야마시타 기성다운 날카로운 수"라고 쓰루야마 8단이

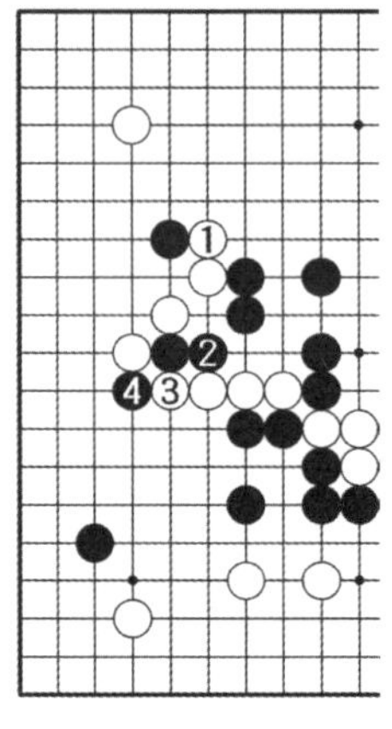

1도

평했다. 흑47에 이은 백48은 흑이 A로 건너붙이는 수를 막기 위한 수로 생략할 수 없다.

흑49의 모자씌움은 조 십단다운 노림이 담긴 수였다. 백50처럼 마늘모 행마로 머리를 내밀고 싶은 곳이지만, 흑51로 붙여오면 흑53에 백은 54로 되돌아갈 수밖에 없다.

"1도의 백1로 가르고 나가는 것은 흑2로 늘어서, 백3에 흑4로 끊기면 수습이 불가능합니다." 쓰루야마 8단의 평이다.

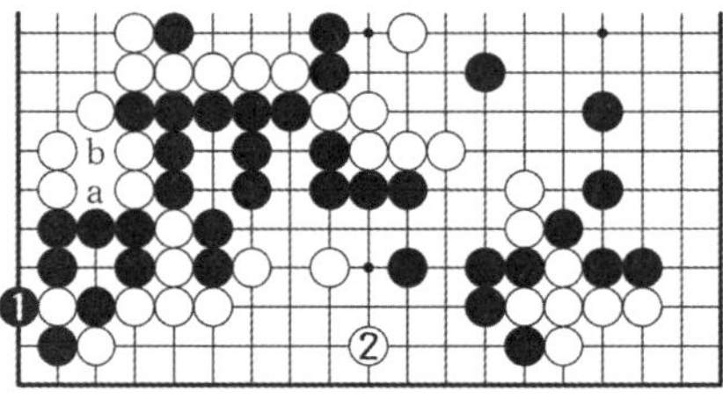

2도

백은 56으로 두어 좌하귀 흑 걸침과 중앙 대마의 분단을 꾀한다. 조 십단은 흑67로 두 점을 따내 대마를 안정시킨 뒤, 흑75와 79로 귀쪽을 움직였다. 흑85까지 패가 났지만 백은 효과적인 팻감이 없었다. "백B로 들여다보는 수에는 흑은 개의치 않고 C로 패를 해소합니다. 백D로 우하를 접수해도 흑E로 하변을 잡으면 흑 쪽이 더 큽니다." 어쩔 수 없이 백은 86으로 큰 자리를 두었고, 흑은 87·89로 패를 해소했다. "여기서는 2도의 흑1로 따낼지 말지 고민되는 장면이었습니다. 백2는 생략할 수 없지만, 향후 좌변 백 일단을 공격하는 데 도움이 되므로 그 전에 흑a, 백b의 교환을 미리 해두는 편이 더 좋았습니다. 그래도 실전의 진행을 선택한 이유도 이해됩니다." 전투는 일단락되었다. 쓰루야마 8단의 형세판단이다. "좌하귀 처리가 좋아서 흑이 유리합니다."

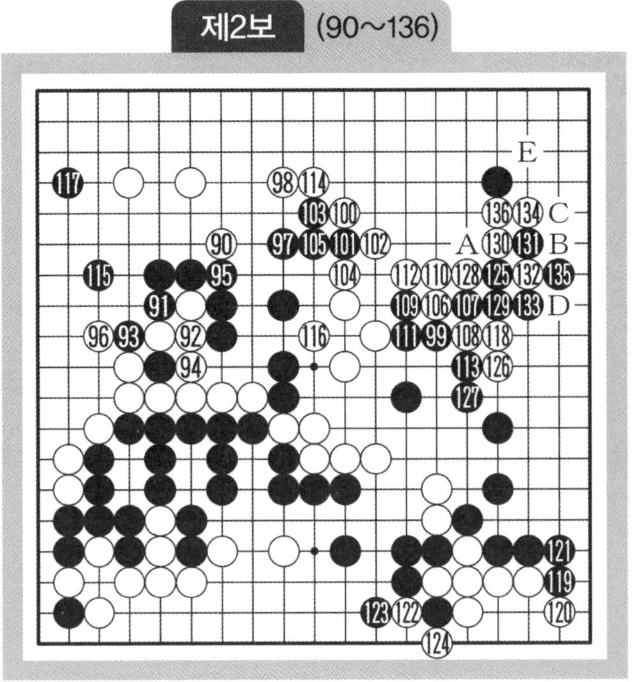

## 기회를 놓치고 혼전으로

백은 90부터 중앙 흑을 압박했다. 백100으로 씌운 수에 대해 흑이 101·103으로 붙이고 막은 것은 백의 약점을 부각하려는 의도였다. 백도 바로 114로 막는 것은 무리라고 보고, 106·108로 붙이고 끊어서 중앙 대마를 보강하려 했다.

"흑에게는 이때가 결정적인 찬스였습니다." 쓰루야마 8단을 평을 계속 들어보자.

"붙여온 수에 대응하지 않고 3도의 흑1·3으로 상변을 돌파했더라

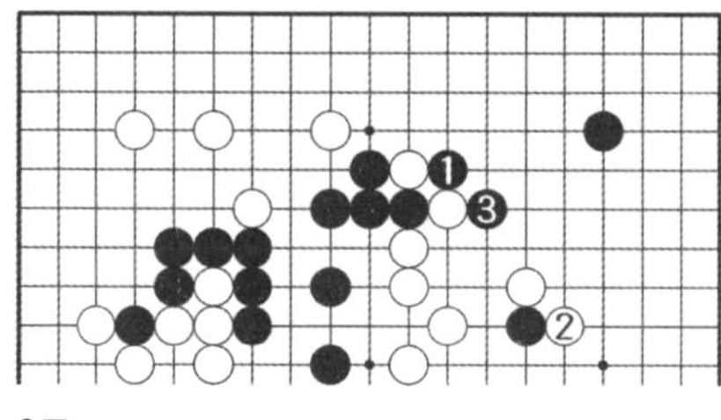

3도

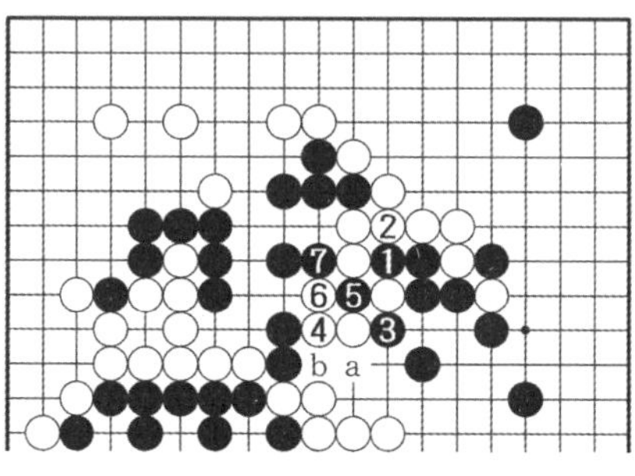

4도

면 확실히 흑이 우세했습니다."

이 기회를 놓치고 백114로 중앙을 봉쇄당하자 형세는 혼전으로 빠져들었다.

백114에 대해 "흑은 4도 흑1로 두려고 했던 것 같습니다"라며 쓰루야마 8단의 평이 이어진다.

"흑3의 단수에 백이 5로 이으면, 흑a, 백b, 흑4로 하중앙의 백 일곱 점을 잡을 수 있지만, 백4로 치받는 수가 있어 결국 패가 납니다."

중앙이 봉쇄된 이상 흑은 대마의 안형을 확보해야 한다. 흑115·117로 좌변에서 근거를 마련했지만. 백은 116으로 중앙을 보강하고 118로 움직였다. 이 수가 강력했다.

흑107의 한 점이 잡히는 것은 좋지 않으므로 흑은 119~123까지 우하귀를 정리한 뒤 125로 움직였다. 이에 백은 126·128·130으로 막아갔다. 흑은 131로 젖힐 수밖에 없었는데 매우 답답한 모양이 되었다. 이때 백은 132로 끊어 한 점을 희생하고 우변을 꼈지만, 134 자리에 이단 젖히는 것도 유력한 수였다. 흑136으로 끊고 백A, 흑B, 백C, 흑D, 백E로 진행되면 "백이 불리해지는 변화는 생각하기 어렵다"는 것이 쓰루야마 8단의 평이다. 실전 진행에서는 흑이 상변에 침입하는 수단이 남았다.

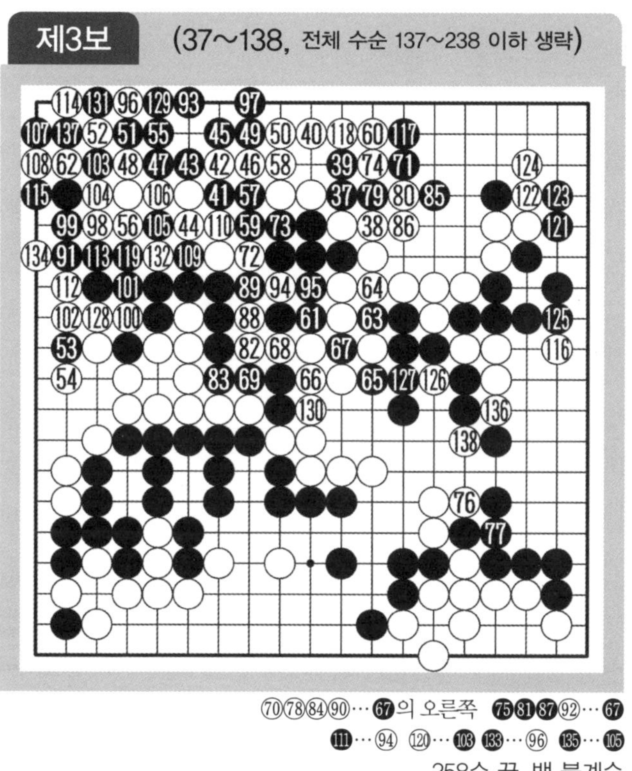



## 치열한 패싸움

흑은 37·39로 바로 상변에 착수해 41·43으로 붙이고 끊어갔다. 이때 백44로 늘어선 수가 "훌륭한 수"라고 쓰루야마 8단은 말한다.

"좀처럼 보기 힘든 방향으로 뻗은 수라 선생님도 다소 간과하셨던 것인지 모르겠지만, 이후의 수순은 필연적인 진행으로 백은 흑의 다양한 공세를 아슬아슬하게 타개하고 있습니다. 41로는 다른 수단을 고려했어야 했습니다."

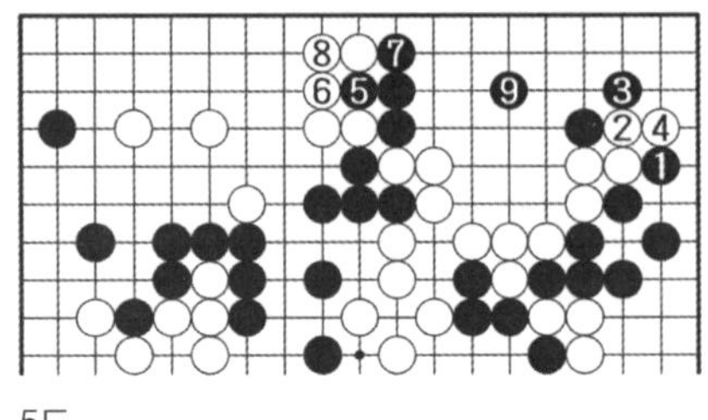

5도

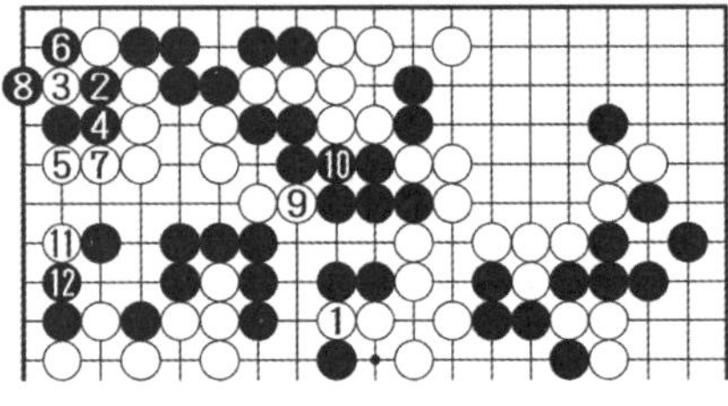

6도

대안으로 쓰루야마 8단이 제시한 것은 5도의 흑1~9까지의 진행이다.

"이렇게 두어 상변을 크게 깼다면 흑이 더 두기 편한 바둑이었을 것 같습니다."

흑은 57·59로 요석을 움직이며 수상전을 노렸다. 중앙에 흑61로 찝은 수에는 백이 62로 받을 수밖에 없다.

만약 6도 백1로 중앙을 받으면 흑2로 귀가 끊겨 버린다. 흑12까지의 수상전은 명백히 흑의 승리다.

흑67부터 패가 났지만 백에게는 자체팻감이 많아 흑은 이 패를 이길 수 없었다. 흑91로 곧장 좌상귀와의 수상전을 유도했지만 이쪽도 흑135로 따내면 패가 된다. 백136의 팻감을 받지 않고 흑137로 해소했지만, 백138로 이쪽의 흑돌이 잡히고 말았다. 이 바꿔치기로 백의 승리가 확정되었다.

"제1보 흑49의 모자씌움부터 주도권을 잡고 초중반까지는 선생님이 잘 이끌었습니다. 흑에게도 이길 기회가 있었던 대국이었지만, 제3보 백44의 강수에 말린 인상입니다."

쓰루야마 8단은 이렇게 이 바둑을 총평했다.

## 너무 이른 이별

가장 사랑하는 아내 교코가 세
상을 떠난 것은 2015년 8월 7일,
향년 65세였습니다. 병명은 췌장
암이었습니다.

병이 발견된 것은 그 1년 전쯤
이었을까요. 처음에는 '속이 좀
울렁거린다'는 정도였고, 병원에
가도 "여름을 타는 것 같네요"라
는 진단뿐이었습니다. 하지만 불

휠체어에 탄 조치훈 곁을 지키는 교코
씨(오른쪽).

쾌한 증상이 너무 오래 계속되어 반년쯤 지나 다른 병원에 갔더니,
암이라는 사실을 알게 되었습니다. 그때는 이미 손쓸 수 없는 상태였
습니다.

췌장은 간과 함께 '침묵의 장기'로 불린다고 하더군요. 이상이 생겨
도 자각 증상이 거의 없기 때문에 암을 조기에 발견하기가 어렵다고
합니다. 프로야구 주니치와 라쿠텐 등에서 감독을 지낸 호시노 센이
치 씨, 애플 창업자 스티브 잡스, 스모의 전 요코즈나 치요노후지 등
췌장암으로 세상을 떠난 유명인도 많다고 합니다.

아내는 나와 달리 성실하고 낙천적인 사람이었습니다. 가마쿠라
를 좋아하고 교토를 좋아했으며, 일본 고전문학을 즐겨 읽었죠. 추리
소설도 좋아했고요. 그다지 사치스러운 사람은 아니었고 특별히 "무
엇이 갖고 싶다"고 말하는 법도 없는 사람이었지만, 내가 차를 사 주
겠다고 하자 "메르세데스가 좋아"라고 한 적이 있습니다. 그녀가 좋

파티장에서 담소를 나누다.

아하는 영국 탐정소설 중에 '메르세데스를 타고 사건 현장에 달려가는' 장면이 있었던 모양이에요. "그게 멋있어서"라며 웃더군요. 아내는 그 차를 15년 정도 탔고, 마쿠하리의 스포츠클럽에도 늘 그 차를 타고 다녔습니다. 아마 그녀에게는 소소한 자랑거리였을지도 모르겠습니다.

내가 바둑을 져서 풀이 죽어 있으면 아내는 이렇게 꾸짖곤 했습니다.

"당신이 이기든 지든, 나한테 당신은 언제나 변함없는 명인이니까요."

나에게 아내는 함께 있는 것만으로도 참 편안한 사람이었습니다.

지바 도케의 집에서 임종을 지켰는데, 세상을 떠나기 직전까지도 아내는 '나는 반드시 나을 거야'라고 믿고 있었던 것 같습니다. 끝까지 간병해 준 딸 마도카와는 단순한 부모 자식 관계 이상으로 사이가 좋았습니다. 아내가 세상을 떠난 뒤로는 딸과 둘이 살고 있습니다.

딸아이는 어릴 때 바둑기사를 목표로 했지만, 열일곱 살 때 꿈을 접고 게이오대학에 진학했습니다. 아무래도 스승이었던 내가 너무 엄하게 대했던 탓인 것 같아요. "당신은 너무 엄격해요"라는 말을 아내에게 자주 듣곤 했습니다. 바둑에 재능이 있었다고 생각하지만 제대로 키워주지 못했습니다. 자식을 가르친다는 건 참 어려운 일입니다. 남의 아이 대하듯 하려 해도 그게 참 마음대로 되지 않으니까요. 딸아이는 한동안 다도를 업으로 삼으려 했지만, 어머니 간병과 병행하는 게 힘들었던 것 같습니다. 지금은 뭘 하려는지 잘 모르겠어요.

아들 쿠라마는 도쿄에서 혼자 살고 있습니다. 자신의 진로를 정하지 못해 고생을 했던 것 같지만, 이제는 번듯하게 취직해 부모로서 한시름 놓았습니다. 성격은 나를 닮아 비관적인 마도카와 달리, 쿠라마는 엄마를 닮아 성실한 편입니다. 내가 대충 행동하거나 말하면 아들에게 혼이 나곤 하죠.

아내가 위독하던 그날, 용성전 결승이 있었습니다. 상대는 관서기원의 유키 사토시結城聡 9단이었습니다. 하지만 평생 바둑 하나만 생각하며 살아온 나도, 그날만큼은 도쿄까지 가서 바둑을 둘 수 없었습니다. 온몸이 부서지지 않는 한 절대 없을 줄 알았던 기권, 부전패….

그래도 65세는 너무 젊은 나이였습니다. 아이들도 다 자라고 나도 이제 조금 여유가 생겨서, '이제부터는 둘이 함께 보낼 시간이 많아지겠구나'하고 기대하던 참이었으니까요. 인생이란 얼마나 무정하고 덧없는 것인지, 정말 뼈저리게 느꼈습니다.


## 나의 AI 관


아내가 세상을 떠난 이듬해인 2016년 3월, 바둑의 역사를 크게 바꿔놓은 사건이 일어났습니다. 인공지능(AI) '알파고*'가 한국의 최정상 기사 이세돌 9단을 4승 1패로 꺾은 것입니다.

세돌 군이 방심했던 면도 있었던 것 같습니다. 대국 6개월 전, 아직 실력이 부족했던 시절의 알파고 기보만 보고 있었다고 하니까요. 좀 더 최근의 기보를 참고해 진지하게 연구했더라면 지는 일은 없었을 겁니다. 그해 11월, 나는 일본산 바둑 AI '딥젠고DeepZenGo'와 3번기를 두어 2승 1패로 이겼습니다만, 이 시기의 AI는 아직 인간이 파고들 틈이 있었습니다. 하지만 그 이후 '마스터'가 등장하면서 더이상 이 길 수 없게 되었죠.

세돌 군은 정말 멋진 사람입니다. 언제나 자기 생각을 솔직하게 말 해서 오해를 살 때도 있지만, 속으로 감추거나 꾸밈이 없는 성격이 라 나는 정말 좋아합니다. 그와 처음 둔 게 어느 세계대회였더라…. 갑자기 대국 전에 종이를 꺼내더니 "사인을 받고 싶습니다"라고 하 는 겁니다. 깜짝 놀랐습니다. 이제 곧 승부할 상대에게 "사인해 주세 요"라니, 상식적으로는 있을 수 없는 일이니까요. 뭐 그 무렵 나는 조 금씩 약해지고 있었고 평소대로 두면 세돌 군이 이길 것 같은 분위기 였기 때문에, 그로서는 대국이 끝난 뒤 이긴 상대에게 사인해 달라고 말하기 어려웠던지도 모르겠습니다. 세돌 군이 어떤 성격인지 알고 있었고, 본인도 조금 쑥스러워하면서 말하는 걸 보고 나도 '어쩔 수 없네'라고 생각하며 사인을 해줬습니다. 그런 행동을 해도 전혀 밉지 않은 사람, 세돌 군은 그런 남자입니다.

그 세돌 군이 5번기에서 패한 일은 바둑계뿐만 아니라 전 세계적 으로도 큰 화제가 되었습니다. '마스터'의 60연승을 거친 뒤 이듬해

---

인 2017년 5월에는 중국 최강이자 당시 세계 1위였던 커제 9단과 알파고가 대결을 펼쳤는데, 그때는 이미 AI와 인간의 실력 차가 상당히 벌어져 있었습니다.

AI는 바둑계에 큰 변화를 가져왔습니다. 기존의 포석과 정석 중 상당수가 부정되고 '바로 3·3 침입' 같은 새로운 수법이 등장했습니다. TV 해설 화면에서도 AI의 형세판단 수치가 일상적으로 사용되기 시작했고, 이제는 AI 없이는 바둑을 논할 수 없을 정도가 되었습니다.

"과거의 고정관념을 무너뜨렸다."

"인간이 얼마나 어리석은 존재인지 새삼 깨닫게 했다."

결국 따져보면 AI가 가져온 것은 이 두 가지라고 생각합니다.

AI는 단순합니다. 감정이나 욕심이 없기 때문에 매 순간 그 상황에서 '정확한' 수, '이기기 쉬운' 수를 택합니다. 하지만 인간은 그렇지 않습니다. 10집을 앞서고 있어도 '더 이기고 싶다'며 '최선'을 추구하려 합니다. 그 결과 아슬아슬한 순간에 실수하기도 합니다. 유리해지면 낙관해서 느슨해지기도 하고, 형세판단을 잘못해 자멸하기도 합니다.

하지만 그런 최선을 추구하는 마음은 고귀한 것이기도 합니다. 그런 마음이 없는 AI의 수법에 대해서는 '이게 과연 바둑으로서 옳은가' 하는 생각도 듭니다. 'AI가 강한 것'이 아니라 '인간이 너무 약한 것'은 아닐까. 그래서 나는 AI가 두는 수에는 '감동'하지 않습니다. 담담하게 당연한 수를 두고, 담담하게 이기는 것처럼 보이니까요. 모르는 것을 한 걸음이라도 더 앞으로 나아가려고 고민에 고민을 거듭해, 생각할 수 있는 한 끝까지 고민해 마침내 짜낸 인간의 한 수에 나는 '공감'하고, '감동'합니다. 그쪽이 '진짜 바둑', '살아있는 바둑'이라는 느낌이 듭니다.

그래서 나는 지금 AI를 이용한 공부는 하지 않습니다. 뭐, 이야마 9단이나 토라 군 같은 일류 기사들이 AI로 공부하고 있으니까, 같은 방법으로 공부해서는 그들을 따라잡을 수 없고 이길 수 없다는 생각도 있습니다. 하지만 그게 전부는 아닙니다. 나는 50년 넘게 프로 세계에서 살아왔습니다. AI의 출현은 분명 '좋은 일'이긴 하지만, 나는 젊은 기사들에게는 없는 축적된 경험을 살려 AI와는 '다른 세계'의 바둑을 두고 싶습니다. 쇼기의 사토 야스미쓰 9단은 자신만이 둘 수 있는 독자적인 초반 전략을 구사해 높은 승률을 올리고 있다죠. 그런 자신만의 세계를 바둑에서도 만들 수 있지 않을까, 그런 생각을 하고 있습니다.

뭐, 그렇다고 해도 아마추어가 바둑을 이해하기 위한 '도구'로서는 편리하고 좋은 수단이라고 생각해요. "흑이 좋아 보인다" 같이 감으로 말하던 것을 명확한 수치로 보여주니까 분명히 이해하기 쉬운 면이 있습니다. '이건 이렇다'는 고정관념에 사로잡히지 않고 다양한 발상을 편견 없이 판단해 주기도 하고요.

타이틀전 검토실에서 AI를 볼 수 있는 환경이라면, 나도 "(AI는) 뭐라고 해?"라고 묻게 됩니다.

## 제2회 바둑전왕전 3번기 제1국 (2016년 11월 19일)

● 조치훈 명예명인　　○ 딥젠고 (덤 6집반)

**총보** (1~223)

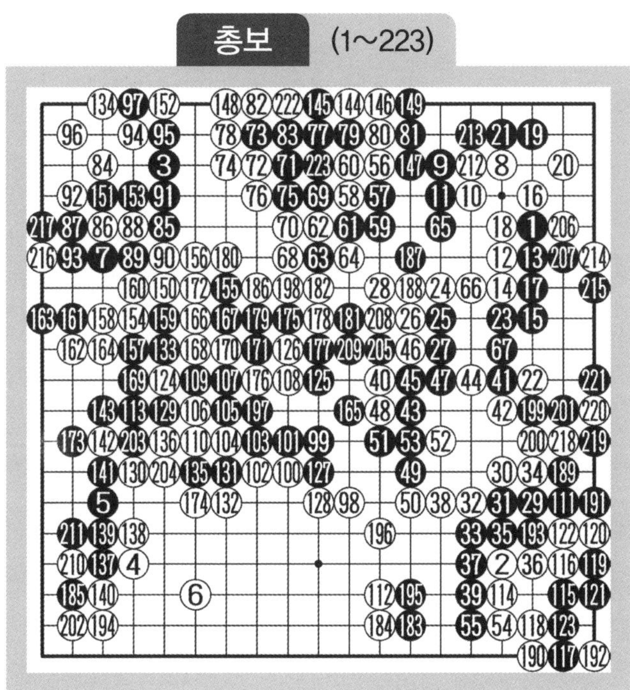

AI 바둑에 승리

"그 당시 AI(인공지능)는 아직 그렇게 강하지 않았거든요. 그래서 나는 AI를 '이길 수 있다'고 생각했습니다. 주변에서는 '이길 수 없다'고 생각한 모양이지만, 그런 평가를 몰랐던 것이 오히려 다행이었을지도 모르겠네요."

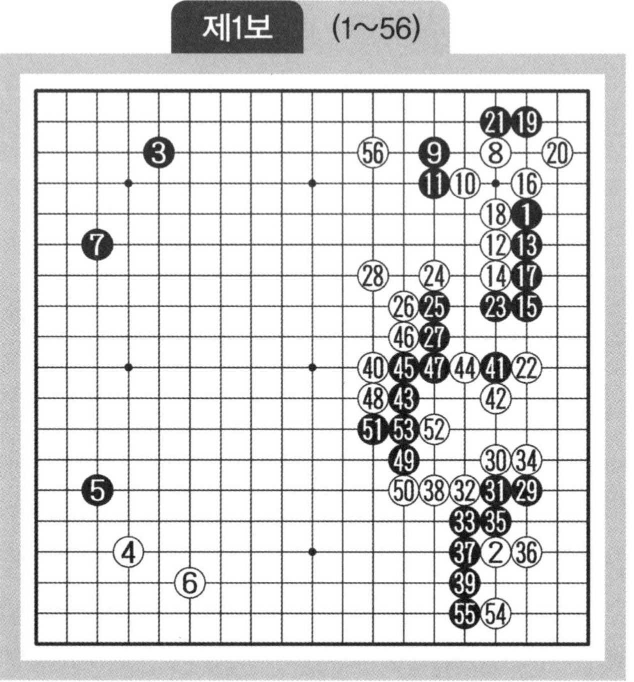

## 의욕적인 포진

흑번인 조치훈 명예명인은 흑1·3으로 양외목을 두었다. 의욕적인 포진이다. 흑7도 일반적인 날일자 굳힘보다 한 칸 넓은 변칙적인 굳힘이다. "예전에 장쉬 9단이 둔 적이 있었던 것 같긴 하지만, 거의 본 적이 없는 형태입니다." 쓰루야마 8단의 평이다. 백8의 걸침에 흑9의 한 칸 협공도 적극적이며, 백18까지는 무난한 진행이다.

흑19로 우변을 벌렸다면 무난했겠지만, 실전은 백이 어떻게 받을 지 응수타진했다. "실리에 민감한 수법입니다." 쓰루야마 8단의 평이다. 백22의 협공은 당연한 수이며, 흑은 27까지 머리를 내민 뒤 29로 우하귀에 걸쳐갔다. 백30으로 어깨를 짚어간 수가 강수였다.

"손해를 먼저 감수하고 두는 수라 인간이라면 용기가 필요합니다. 뭐,

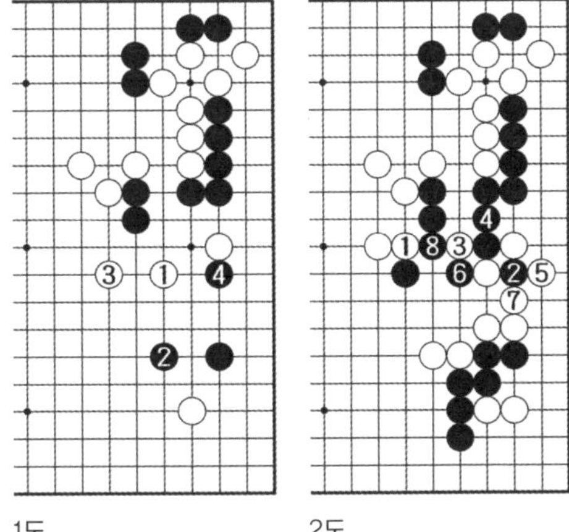

1도　　　　　2도

AI에게는 '무섭다'는 감정이 없겠지만요."

보통은 1도처럼 백1로 날일자 행마를 하는 정도다. 흑2, 백3으로 한 칸 뛰면 흑4 부근에 붙여 타개해 나가는 전개가 예상된다.

흑은 31~35로 머리를 내밀고, 이어 37·39로 우하귀에 압박을 가한다. 백은 40으로 중앙에 날일자로 행마하며 우변의 흑 대마를 공격했다. 흑51까지 일단락된 장면에서 쓰루야마 8단은 "호각의 결과"라고 평했다.

흑51로 머리를 내밀면서 일단 흑 대마는 한시름 놓게 되었다. 우하에 약간의 뒷맛이 남아 있지만, 백이 수를 내러 갈 타이밍이 마땅치 않다. 도중에 흑41로 붙이고 43으로 날일자로 행마했을 때, 백이 흑45 자리에 억지로 끊어오면 위험해 보이지만 2도의 흑2로 맞끊는 수가 있다. 흑8까지 한 점을 잡고 대마를 안정시킬 수 있다면 흑으로서는 불만이 없을 것이다.

백은 52로 들여다보고 54로 한 칸 뛰어 활용한 뒤 56으로 우상귀를 압박했다. 전장은 상변으로 옮겨갔다.

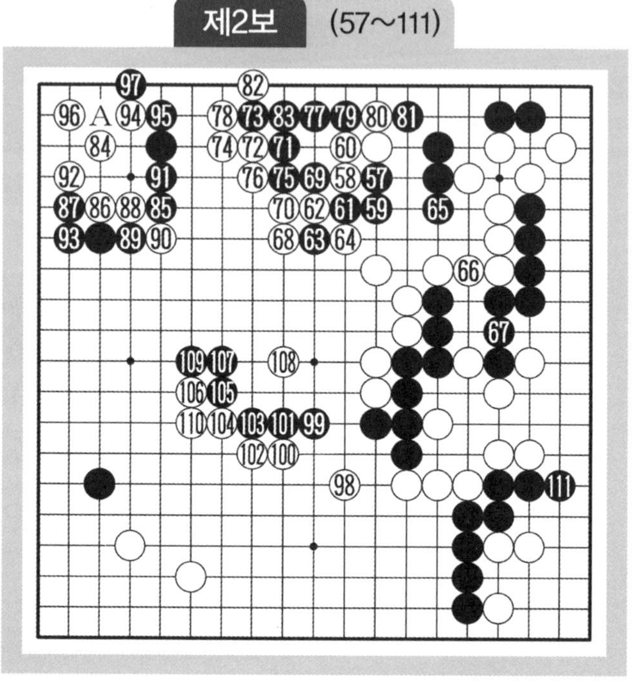


## 순조로운 흐름

흑57로 붙여 본격적인 전투에 돌입했다. 흑63의 젖힘에 백64로 끊었을 때, 흑65가 급소였다. 이 자리를 백에게 허용하면 견딜 수 없다. 백66, 흑67로 서로 모양을 정비한 뒤 백68로 단수를 쳤다. "강수이긴 하지만 어땠을까요." 쓰루야마 8단은 의문을 표했다.

여기서는 3도처럼 백1로 느는 것이 "보통이었을 것"이라고 한다. 흑2로 안형을 확보해 흑 일단을 안정시키는 것은 필연이다. 그리고 백3으로 벌려 두었다면 여유로운 전개가 되었을 것이다. 왜냐하면 조치훈 명예명인이 흑69로 끊어간 수가 무척 '날카로웠기' 때문이다.

흑69로 끊어가면 흑83까지는 외길 수순이다. "공격받던 흑이 오히려 네 점을 잡고 안정했습니다. 흑이 득점을 올렸다고 할 수 있습니다." 쓰루야마 8단의 계속된 설명이다. 하지만 백 역시 외세를 쌓을 수 있었기에,

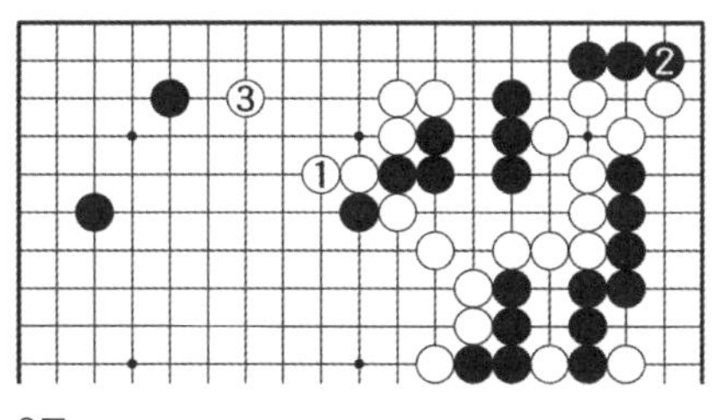

3도

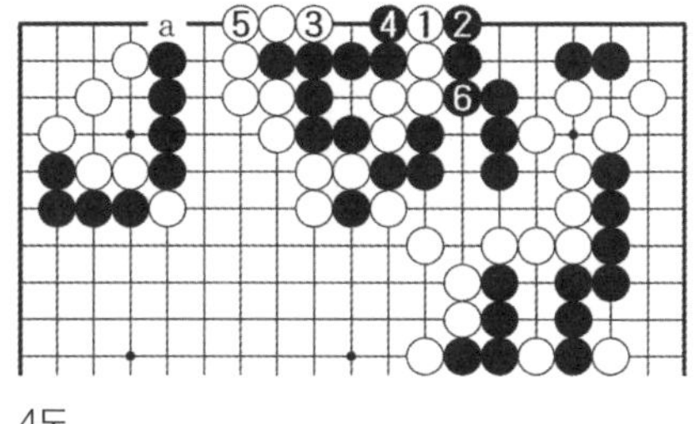

4도

백84로 귀에 파고든 뒤 86에서 90까지 흑을 분단하며 새로운 전투를 일으키려 한다. 그런데 흑95로 막았을 때, 백96의 호구친 수가 실착이었다. 여기서는 A로 두었어야 했다. 곧바로 흑97의 젖힘을 당하자 백이 대책이 없게 되었다.

"실전에서도 나오지만, 백86·88 두 점이 잡히는 수가 남아버렸습니다. 원래 이곳은 4도 백5까지 선수한 뒤 백a로 넘어가는 것이 가능했던 곳입니다. 당시의 AI는 수상전이나 사활에 약점이 있었는데, 그 한계가 여실히 드러난 장면입니다."

백은 98부터 흑 대마를 압박하려 했지만, 흑109까지 무난하게 받아두어 아무 일도 일어나지 않는다. 백110의 이음에 흑은 111로 내려서 귀의 뒷맛을 없앴다. 흑의 순조로운 흐름이다.

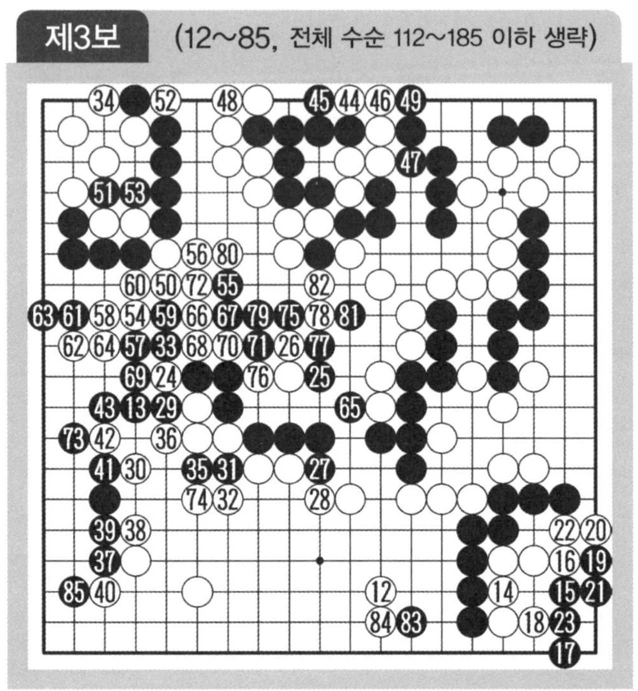



223수 끝, 흑 불계승

## 안전운전

백12에 흑13으로 좌변에 큰 모양을 구축했다. 백은 14부터 우하귀에 수를 내려 했으나, 흑23까지의 수상전은 유가무가로 흑의 승리였다. 역시 당시의 AI는 부분적인 수읽기에서는 약점을 드러냈다.

백24의 젖힘에 흑이 25로 붙이자 "흑은 마치 안전운전을 하듯 두고 있습니다"라고 쓰루야마 8단은 말했다. 백44는 앞 페이지 4도의 백1부터 두는 것이 정수였으며, 여기서도 백이 약간 손해를 보았다.

흑65로 중앙에 한 수 보강하며 사실상 '게임 끝'의 분위기다. 백은

66으로 젖혀 나오며 시빗거
리를 찾아보지만 이미 기회
는 사라진 듯하다.

예를 들어 백78로 5도 백
1처럼 한 점을 따내 중앙에
집을 만들려 해도, 흑2로 늘
어두면 우상 쪽 백 대마가
잡혀버린다.

흑은 중앙 다섯 점을 미끼
로 좌변과 우변을 연결하며

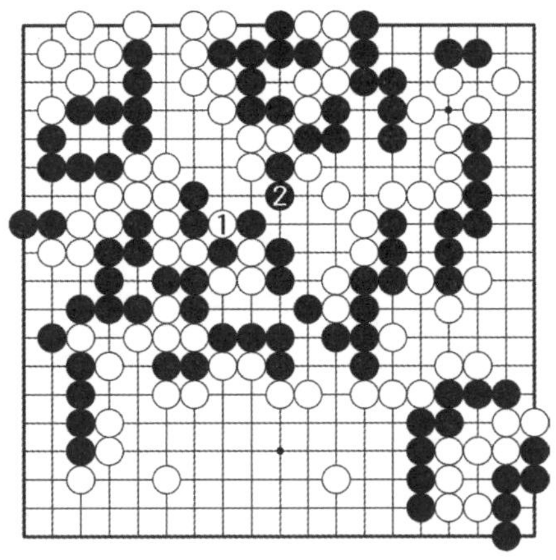

5도

전혀 걱정거리가 없는 형태를 만들었다. 좌하귀 흑85로 반상 최대의
끝내기를 차지하면서 흑의 승리가 확정되었다. 쓰루야마 8단의 총평
을 들어보자.

"백을 잡은 젠(Zen)은 여기저기서 날카로움을 보였지만, 당시 AI의
약점이었던 세밀한 수읽기의 한계가 그대로 드러났습니다. 그렇다
고는 해도 형세가 유리해진 뒤 선생님의 마무리 역시 대단했습니다.
'역시 노련하다'고 느낀 한판이었습니다."

## 처음 알게 된 고국의 일상

고국인 한국에 대해서는 늘 복잡한 감정이 있었습니다.

물론 애착은 있습니다. 명인이 되었을 때도 많은 분이 함께 기뻐해 주었습니다. 하지만 마음이 상할 때도 있었습니다.

아마 일본에서 자라 '일본기원 대표'로 대국을 해왔기 때문이겠지요. 세계대회에서 일본이나 중국 기사들과 맞붙을 때는 응원해 주지만, 한국에 기반을 두고 활약하고 있는 조훈현 9단이나 이창호 9단과 두면 나는 언제나 '상대편'이었습니다. "한국어가 서툴다"는 비판을 받기도 해서 한국에서의 단독 인터뷰는 가급적 피하려 했을 정도였습니다. 한국기원과 형의 관계가 그리 좋지 않았던 점도 있어 여러모로 어려운 상황이 많았습니다.

그런 답답함을 말끔히 날려준 것이 2017년부터 2019년까지 참가한 한국기원 총재배 시니어 바둑리그였습니다. 2016년에 시작된 이 리그는 50세 이상의 '시니어 기사'들이 참가하는 단체전입니다. 한 팀당 3명으로 구성되며, 각 팀과 두 차례씩 맞붙는 리그전을 거쳐 상위 4개 팀이 플레이오프를 통해 우승팀을 가립니다.

2017년과 2018년에는 7개 팀, 2019년에는 8개 팀이 참가했는데, 내가 소속된 'KH에너지' 팀은 이 기간에 3연패를 달성했습니다(조치훈 명예명인은 31승 3패).

팀 스폰서인 회사의 사장이 도쿄한국학교 시절 내 동창이었다고 하더군요. 나는 잘 기억나지 않지만, 그는 "치훈과 함께 바둑 일을 하고 싶었다"며 팀을 꾸려주었습니다. 대회에 참가했던 3년 동안 거의 50번 정도 한국에 갔던 것 같습니다. 여섯 살에 일본에 온 이후, 그때까지의 귀국 횟수를 모두 합친 것보다 많았죠. 대국이 끝나면 술집에서 모두 함께 먹고 마시며 평범한 일상을 즐길 수 있었습니다.

한국에서 그런 '일상'을 느껴본 건 처음이었습니다. 어릴 때 일본으로 왔기 때문에 누구나 겪는 평범한 한국의 생활이 어떤 것인지 몰랐습니다. 그즈음 지인을 통해 알게 된 한국인 여성과 가까워졌는데, 그분이 응원단장처럼 리그전마다 와준 것도 큰힘이 되었습니다. '한국인 여자친구'와 사귀면서 나의 한국어 실력은 비약적으로 늘었고, 고국 사람들의 사고방식이나 세상을 바라보는 시각도 피부로 느낄 수 있게 되었습니다.

하지만 2020년에 리그 참가를 그만두었습니다. 코로나 때문에 한국에 가는 것이 어려워진 탓도 있지만, 이쯤이 물러날 때라는 생각도 들었습니다.

설령 그녀와 관계를 이어간다 해도, 앞으로 어떻게 해야 할지는 선뜻 떠오르지 않았습니다. 그녀에게도 아이가 있으니 일본으로 오기는 어려울 것이고, 내가 한국에서 산다는 것은 더 힘들겠지요.

고국에 대한 애정이 깊어진 것은 사실이지만, 그것은 가끔 한국에 가기 때문이지 막상 한국에서 산다면 또 다른 문제가 생길 겁니다. 무엇보다 나는 평생 일본에서 살아왔고, 일본의 사고방식과 생활습관이 몸에 배어 있으니까요.

태어난 나라에는 애정을. 키워준 나라에는 감사를.

이 나이가 되어 '진짜 한국'을 알게 되었지만, 동시에 '고향이란 멀리서 그리워하는 곳'이라는 말도 실감하게 되었습니다. 고국에 품고 있던 '복잡한 감정'은 서서히 사라졌습니다. 하지만 그렇기에 오히려 나는 고국과 거리를 약간 두기로 했습니다.

환갑을 넘기고 내가 한국과의 인연을 더욱 돈독히 하던 그 무렵, 마음속에서 이런 생각이 싹트기 시작했습니다.


## 은퇴에 대해 생각하다


"나는 언제까지 바둑을 두어야 할까."

한 시대를 풍미했던 기사는 나이가 들어 약해진 모습을 보여서는 안 된다고들 합니다. 한편으로는 스모로 치면 '오제키'가 하위 리그로 떨어져도 스스로 납득할 때까지 계속 모래판에 오르는 자세도 훌륭하다고 생각합니다. 어느 쪽을 선택해야 할지, 그동안 답을 내리지 못했습니다.

얼마 전까지만 해도 전자의 생각이 더 강했습니다. 그래서 이야마 9단에게 부탁했어요.

"내가 차마 눈 뜨고 볼 수 없을 만큼 엉망인 바둑을 두기 시작하면, 나에게 말해줘. 은퇴할 테니까."

이야마 9단 입장에서는 참 곤란한 부탁이었겠지만요. 다만 요즘은 생각이 좀 바뀌었습니다.

내 취미는 노래방과 골프입니다. 나름대로는 괜찮은 실력이라고 생각하지만, 이상하게도 노래를 하면 주변 사람들이 "이제 제발 그만해달라"고들 합니다. 골프 쪽은 그보다는 조금 나은 것 같네요. 코로나 시기 이전에는 거의 매일 골프장에 갔습니다. 거기서 자주 마주치는, 그러니까 바둑과 별로 관계없는 사람들과 즐겁게 어울리는 것이 내게는 정말 행복한 일상이었습니다. 뭐, 그래도 역시 노래나 골프보다는 바둑이 세상에 내놓아도 부끄럽지 않은 실력이라고 생각합니다. 내가 가장 잘하는 건 바둑이니까요. 그렇다면 굳이 그걸 그만둘 필요는 없겠지요. 노래방이나 골프처럼 바둑도 즐기면 되는 거 아닐까, 그렇게 생각하게 되었습니다.

책《고민천국》의 표지

앞으로 해보고 싶은 일은 아직 많이 있습니다. 수다 떠는 것을 좋아하고 남을 웃기는 것도 좋아해서, 그런 예능의 세계도 한 번 경험해 보고 싶습니다. 바둑뿐만 아니라 더 넓은 세상을 보고 싶거든요.《주간고週刊碁》에 연재했던 〈고민천국 – 치훈의 인생 상담실〉도 꽤 호평을 받았던 것 같아요. ('발상이 천재적이다', '아주 재미있다'는 독자들의 성원에 힘입어 책으로 출간되었고, 4권까지 발매되었습니다.) 그렇다고 해도 그쪽 세계도 꽤 힘들겠지요. 겉보기엔 즐거워 보여도 뒤에서는 엄청난 노력을 해야 할 테니까요.

일단은 조금 더 바둑을 즐기며, 바둑과 함께 살아가고 싶습니다.

# 조치훈 · 고바야시 대담 ④

　조치훈 · 고바야시의 대담도 마지막 장에 접어들었다. 앞으로의 바둑계를 두 사람은 기사로서 어떻게 바라보고 있을까. 은퇴에 대해서는 어떻게 생각하고 있을까. '제자를 길러낸다'는 것은 어떤 의미일까. 베테랑 기사다운 두 사람의 이야기가 폭넓게 펼쳐졌다.



**고바야시**　많죠. 치훈 씨는 구도자라고나 할까. 끝없이 파고들며 생각하잖아요? 보통 사람은 그렇게까지 생각하지 못하죠.

**조**　하지만 나이 들어서도 똑같은 짓을 계속하고 있는 지금은 최악이야. 이런 말 해도 되는지 모르겠지만. 이기지도 못하고… 아니, 이기지 못하는 건 괜찮은데, 열심히 생각해서 결국은 시시한 수를 두게 되잖아. 그럴 때면 나 자신이 한심하게 느껴져.

**고바야시**　나이 들어서 이기지 못하는 건 어쩔 수 없잖아. 뭐, 나는 그렇게까지 깊이 생각해 본 적은 없지만.

**조**　왜냐면 올해로 내가 예순여섯 살이 됐거든. 그리고 일본에 온 지도 딱 60년이 됐어(2022년 기준). 그래서 이제 딱 전환점을 맞은 거야. 뭐, '안 되는 바둑'이 되었는지 어떤지는 마지막에 이야마 군과

나이로 인한 기력의 저하를 이야기하는 두 사람. 받아들이는 방식은 완전히 달랐다.

상의해 볼 생각이야.

**고바야시**  60년이라니. 참 세월이 많이 흘렀네. 이야마 군은 아마 솔직하게 말해줄 거야. 치훈 씨를 워낙 존경하니까.

**조**  딸한테도 말했어. "앞으로 1년만 더 해보고 안 되면 그만둔다"고. 그랬더니 "그럼 나 아르바이트라도 해야겠네"라고 해서, "평범하게 살면 먹고사는 데는 문제없으니까 걱정하지 마"라고 말해줬지.

**고바야시**  그렇게까지 심각하게 생각할 건 없잖아.

뭐. 치훈 선생님은 제가 들은 것만 해도 "앞으로 어떻게 하겠다"는 말씀이 두세 번은 바뀌었거든요(웃음).

**고바야시**  아, 그래요?(웃음)  …확실히 예전 생각하면 좀 서글퍼질 때도 있긴 하지. 그래도 뭐, 바둑계의 '중심을 잡아주는 어른' 같은 역할도 있는 거니까, 굳이 그만둘 필요는 없다고 생각해.

**조**  응. 다만 지금까지 바둑 덕분에 정말 큰 행복을 누려왔는데, 이제 와서 가볍게 바둑을 두는 건 도리가 아닌 것 같아.

**고바야시**  딱히 가볍게 두는 건 아니잖아?

**조**  아니, 가볍게 두고 있다고 생각해. 한때는 '수준이 좀 낮아도 그냥 즐기며 두면 되지 않을까'라고 생각한 적도 있었는데, 아무래도 그건 아닌 것 같아. 놀면서 바둑을 두거나, 공부도 안 하고 두는 건 있을 수 없는 일이야.

**고바야시**  놀면서 두는 건 아니잖아?

**조**  지금은 공부하는 게 너무 힘들어. 나는 AI한테 배우는 건 절대 하지 않으니까, '유현의 방*'에서 바둑을 두는 게 내 공부 방식이야. 그런데 거기서 상대가 엉망인 수를 두는데, 그걸 내가 응징하지 못해.

**고바야시**  분해?

---

* 幽玄の間, 일본기원에서 운영하는 인터넷 바둑사이트.

**조**  응. 너무 한심하지.

하지만 인터뷰 초기엔 "노래방이나 골프보다는 그래도 바둑 두는 게
낫다"면서 조금 더 둬보겠다고 하셨잖아요.

**조**  그런데 그게 아니었어요. 노래방이 더 좋아요.

**고바야시**  (웃음) 요즘 노래방 자주 가?

**조**  아니, 요즘은 코로나 때문에 못 가니까 집에서 노래하고 있어(웃
음).

**고바야시**  집에서 하는 건 좋지. 다른 사람에게 피해 안 주니까. 뭐,
바둑계에도 피해 안 주는 선에서 '중심을 잡아주는 어른' 같은 마음
으로 자리를 지켜주면 되잖아.

**조**  하지만 그건 바둑을 그만둬야 제대로 지켜볼 수 있잖아.

**고바야시**  그럴까?

**조**  계속 두다 보면 스미레*에게 질지도 몰라.

**고바야시**  아니, 그 애는 강해. 방심할 수 없어.

---

* 나카무라 스미레(仲邑菫) : 2009년생으로 일본기원 영재특별채용을 통해 입단했으며,
  2024년부터 한국기원 객원기사로 활동 중이다.

**조** 내 바둑이 너무 한심하게 느껴져서 말이야.

**고바야시** 그 기분은 알 것 같지만, 그래도 그만둘 필요는 없다고 봐. 치훈 씨의 바둑을 보고 싶어하는 사람들이 많아. 나도 그렇고.



**조** 고이치 씨 쪽이 프로기사가 된 제자가 압도적으로 많죠?

**고바야시** 여덟 명쯤 될 거야.

**조** 나는 세 명. 한국 프로기사까지 포함하면 네 명. 두 배 차이네. 지도자로서는 고이치 씨가 더 잘 맞는 것 같아.

**고바야시** 그런가?

**조** 나는 별로 지도자라는 느낌이 없거든.



**조** 인성 문제랄까요(웃음).

**고바야시** 지도자라고 하면 좀 거창하게 느껴지지만, 나는 아이들과 같이 공부한다는 느낌으로 하고 있어요.

제자를 두게 된 데에는 기타니 선생님이나 레이코 선생님과의 관계도 있습니까?

**고바야시** 그렇죠. '기타니 모임'이라는 게 있었잖아요. 거기에 오던 아이들이 많았어요. 기타니 선생님이 돌아가시고 나서 그 아이들을 받아줄 곳이 없으니까, 자연스럽게 내가 스승이 될 수밖에 없었죠. 스승이라는 게 정말 힘든 일이에요. 실제로 되어보니 기타니 선생님의 대단함을 알겠더라고요. 그렇게 많은 제자를 길러낸 건 정말 놀라운 일이에요.

고이치 선생님 댁에는 내제자가 있었나요?

**고바야시** 아니요, 내제자는 없었어요. 전부 통학 제자였죠. 도쿄 근처에 집이 있는 아이들이 많아서 자연스럽게 그렇게 됐어요.

치훈 선생님 댁에는 내제자가 많았네요.

**조** 우리 집은 지방 출신 아이들이 많았거든요.

**고바야시** 스카우트한 거야? 전부?

**조** 그렇지. 잡지 같은 데서 기획이 있어서 지방에 가곤 했어. …확실히 기타니 선생님의 영향은 있었지. 제자를 둘 거라면 많이 받아서 서로 경쟁하며 성장하는 게 좋다고 생각했어.

도장 시스템이 제자를 길러내는 데 더 맞는 방식일까요?

**고바야시** 그렇죠. 역시 사람이 많아야 서로 경쟁하면서 성장하니까

"제자를 길러보니 기타니 선생님의 위대함을 알게 되었다"는 고바야시.

요. …우리가 제자를 거둔 건 '기타니 선생님께 신세를 졌다'는 마음이 있었기 때문이에요. 스승님께 받은 은혜를 되돌려드린다는 마음으로 해온 면이 있죠. 가토 씨도 그랬고요.

**조** 그래서 스모계처럼 그런 도장을 일본기원이 지원하는 시스템이 있으면 좋겠다고 생각해요. 프로를 길러내서 그 제자가 활약하면 포상금이 지급된다든가 하는 식으로요. 우리는 타이틀도 따고 경제적으로 여유가 있으니 '은혜를 갚는 일'도 할 수 있었지만, 사실 그 정도로 여유 있는 기사는 많지 않거든요. 본인은 토너먼트에서는 이기지 못하더라도, 제자를 잘 길러낼 재능이 있는 기사들도 분명 있을 거예요.

"스모계 같은 시스템이 바둑계에도 있었으면 좋겠다"는 조치훈.

그런 제도가 있다면, 지도하는 입장에서도 큰 힘이 되겠네요.

**조**  어쨌든 다들 그만큼 노력하고 있는 거잖아요. 그런 분들에게 무언가 보답이 돌아가는 제도가 있다면 참 좋지 않을까 싶어요.

마지막 질문입니다만, 이렇게 서로 허심탄회하게 이야기를 나누는 건 처음인가요?

**조**  대담은 처음이에요. 이렇게 다정하게 얘기 나누고 나서 바둑을 둔다고 생각하면 '뭔가 좀 그러네' 하는 느낌이 들잖아요. 지금이야 이제 이런 관계가 됐으니까 괜찮지만, 그래도 몇 년 전까지만 해도 말이죠….

**고바야시** 그래도 우리 둘 다 아직 현역이니까, 나름 긴장감이 있는 거죠. 이야마와 이치리키도 그렇게 사이좋게 얘기하진 않을 거예요. 뭐, 그래도 오늘은 새로운 발견이 꽤 있었네요. 가끔은 이런 기회를 갖는 것도 좋겠네요.

제6장

# 조치훈, 영광의 궤적

## 조치훈 연표(年表)

**1956년**  6월 20일(음력, 양력 7월 23일), 부산에서 출생. 부친 조남석, 모
친 김옥순, 형 세 명, 누나 세 명이 있음.

**1960년**  이 무렵, 아버지에게 바둑을 배우기 시작함.

**1962년**  8월 1일, 일본으로 건너가 기타니 미노루 문하에 들어감. 다음
날인 2일, '기타니 문하 100단 돌파 기념대회'의 공개대국에서
린하이펑 6단과 속기로 5점 접바둑을 둠.

**1968년**  4월, 만 11세 9개월의 나이로 입단(정기사 채용시험을 통한 입
단으로는 최연소 기록으로, 지금도 깨지지 않고 있음).

**1970년**  승단전* 2부 우승.

**1971년**  승단전 2부 2연패(連覇).
5단으로 승단.
기도상(棋道賞) '신인상' 수상(연간 28승 1무 5패).
※ 기도상은 바둑잡지 '기도(棋道)' 주최로 1967년에 제정되었으
며, 1999년부터는 '고(碁)월드'가 이를 계승.

---

* 1부 리그는 고단자 리그로 5단~9단이 참가하며, 2부 리그는 저단자 리그로 1단~4단이 참
가함.

**1972년**　제4회 신예토너먼트전, 제16기 수상배 쟁탈토너먼트전에서 준
우승(결승 상대는 모두 고바야시 고이치 6단).
기도상 '수훈상'을 첫 수상.

**1973년**　제10기 프로10걸전에서 8위 입상.
6월, 제5회 신예토너먼트전 결승에서 하네 야스마사 8단을 꺾고
첫 타이틀 획득.
→ 1969년부터 승단전 33연승의 기록을 세움.

**1974년**　8월, 제6회 신예토너먼트전 결승에서 고바야시 고이치 6단을 꺾
고 2연패.
12월, 제22기 일본기원 선수권전에서 사카다 에이오 선수권자
에게 도전, 5번기 제1국 승리.
기도상 '수훈상' 수상.
(12월, 기타니 도장에서 독립하여 도쿄 나카노 나베야요코초로
이사)

**1975년**　1~2월, 제22기 일본기원 선수권전에서 2연승 후 3연패로 패배.
4~5월, 제12기 프로10걸전 결승 5번기에서 가토 마사오 8단에
게 3연승하며 첫 우승.
기도상 '최다승상' 첫 수상(연간 39승), '수훈상'도 함께 수상.
(12월, 스승 기타니 미노루 9단 별세)

**1976년**　1~2월, 8강쟁패전 결승 3번기에서 후지사와 슈코 천원을 2승 1

패로 꺾고 우승. 첫 명인전 리그 진입.

11~12월, 제24기 왕좌전에서 오타케 히데오 왕좌에게 도전해 2승 1패로 승리, 첫 '7대 타이틀'을 획득.

기도상 '기능상' 첫 수상, '최다승상' 수상(연간 46승).

**1977년**  3월, 제8회 신예토너먼트 결승전에서 토키모토 하지메(時本壱) 5단을 꺾고 통산 3번째 우승.

(가을, 소가와 교코 씨와 결혼 후 가마쿠라시 조묘지로 이사)

**1979년**  7~8월, 제4기 기성(碁聖)전에서 오타케 히데오 기성(碁聖)을 3연승으로 꺾고 첫 기성(碁聖) 획득.

본인방전 리그에 첫 진입.

승단전 1부 우승.

기도상 '연승상' 첫 수상(12연승). '최다승상'(연간 39승)과 '수훈상'도 수상.

(2월, 지바현 기사라즈시 오쿠보로 이사)

**1980년**  9~11월, 제5기 명인전에서 오타케 히데오 명인에 도전, 4승 1무 1패로 꺾고 첫 명인 획득.

12월, 대한민국 문화훈장(은관) 수훈.

슈사이상* 첫 수상. 기도상 '최우수기사상' 첫 수상, '최다승상'(연간 38승) 수상.

---

**1981년**　9단으로 승단.

5~7월, 제36기 본인방전에서 다케미야 마사키 본인방을 4승 2패로 꺾고 첫 본인방 획득. 사카다 에이오, 린하이펑, 이시다 요시오에 이어 역대 네번째이자 당시 최연소 명인·본인방 동시 보유자가 됨.

9~10월, 제6기 명인전에서 가토 마사오 천원을 4연승으로 물리치고 명인 첫 방어.

2년 연속 슈사이상 수상, 기도상 '최우수기사상'도 2년 연속 수상.


**1982년**　2월, 제4기 학성전 리그 플레이오프에서 하시모토 쇼지(橋本昌二) 왕좌를 꺾고 첫 우승.

3~4월, 제20기 십단전에서 오타케 히데오 십단에 도전, 3승 1패로 꺾고 첫 십단 획득.

5~7월, 제37기 본인방전에서 고바야시 고이치 9단을 4승 2패로 물리치며 첫 방어 성공.

9~10월, 제7기 명인전에서 오타케 히데오 기성(碁聖)을 4승 1패로 물리치고 명인 3연패.

3년 연속으로 슈사이상, 기도상 '최우수기사상' 동시 수상.


**1983년**　2월, 제30회 NHK배 토너먼트전 결승에서 오타케 히데오 기성(碁聖)을 꺾고 첫 우승.

1~3월, 제7기 기성전에서 후지사와 슈코 기성에게 도전하여 3연패 뒤 4연승으로 첫 기성 획득.

→ 사상 최초로 기성·명인·본인방 타이틀을 동시 보유하는 '대

삼관' 달성.

5~7월, 제38기 본인방전에서 린하이펑 9단에게 3연승 뒤 4연패
하여 본인방 상실.

9~10월, 제8기 명인전에서 오타케 히데오 기성(碁聖)을 4승 1패
로 물리치고 명인 4연패.

(5월, 지바현 지바시 미도리구 토케로 이사)


**1984년**　1~3월, 제8기 기성전에서 린하이펑 본인방을 4승 2패로 물리치
고 기성 첫 방어.

3월, 제3기 NEC컵 결승에서 사카다 에이오 9단을 꺾고 첫 우승.

9~11월, 제9기 명인전에서 3년 연속 도전한 오타케 히데
오 기성(碁聖)을 3연패 뒤 4연승으로 물리치며 명인 5연패.

→ 사상 최초로 '명예명인' 자격 획득(5연속 또는 통산 10기 획
득이 조건).

네 번째 슈사이상, 기도상 '최우수기사상' 동시 수상.


**1985년**　2월, 제7기 학성전 리그 결승에서 가토 마사오 왕좌를 꺾고, 3기
만에 두 번째 우승.

1~3월, 제9기 기성전에서 다케미야 마사키 9단을 4승 3패로 물
리치며 기성 3연패.

3월, 제4기 NEC컵 결승에서 고바야시 고이치 십단을 꺾고 2연패.

9~11월, 제10기 명인전에서 고바야시 고이치 십단에게 3승 4패
로 패하며 명인 상실.

**1986년**  1~3월, 제10기 기성전 7번기 개막 직전, 교통사고로 전신 골절을 당해 전치 3개월의 중상을 입었고 휠체어를 탄 채 고바야시 고이치 명인과의 대국에 임했으나, 2승 4패로 기성 타이틀 상실.

2~3월, 제18회 속기선수권 결승 3번기에서 고바야시 고이치 기성을 2승 1패로 꺾고 첫 우승.

7월. 제11기 기성(碁聖)전에서 오타케 히데오 기성(碁聖)에게 도전해 3연승으로 꺾으며 7년 만에 기성(碁聖) 탈환.

일본 바둑 저널리스트 클럽상 및 TV 바둑 프로그램 제작자상 수상.


**1987년**  11~12월, 제13기 천원전에서 고바야시 고이치 천원에게 도전해 3승 2패로 첫 천원 획득.

→ 사상 최초로 7대 타이틀을 모두 획득하는 '그랜드슬램' 달성 기도상 '최다승상'(연간 40승) 수상.


**1988년**  3~4월, 제26기 십단전에서 가토 마사오 십단에게 도전해 3승 2패로 승리, 6기 만에 십단 탈환.

6월, 제1회 중일 천원전 3번기에서 류샤오광(劉小光) 중국 천원에게 2연승.

11~12월, 제14기 천원전에서 소노다 유이치(苑田勇一) 9단을 3승 2패로 물리치고 천원 첫 방어.


**1989년**  3~4월, 제27기 십단전에서 린하이펑 9단을 3연승으로 꺾고 십단 첫 방어(통산 3회).

5~6월, 제44기 본인방전에서 다케미야 마사키 본인방에게 도

전, 4연승으로 7기만에 본인방 탈환(통산 3회).

이 해부터 10연패의 대기록을 향해 나아감.

8월, 제2회 중일 천원전 3번기에서 류샤오광 중국 천원에게 2연승.


1990년    5~7월, 제45기 본인방전에서 고바야시 고이치 기성을 4승 3패로 물리치며 본인방 방어(통산 4회).

9월, 제23회 속기선수권 결승에서 린하이펑 천원을 꺾고, 5기 만에 두 번째 우승.


1991년    5~7월, 제46기 본인방전에서 고바야시 고이치 기성을 4승 2패로 꺾고 본인방 3연패(통산 5회).

8월, 제4회 후지쓰배 세계선수권에서 세계대회 첫 우승(결승은 중국의 첸위핑 9단에게 부전승).

8월, 제1기 용성전 결승에서 이시다 요시오 9단을 꺾고 우승.

9월, 제24회 속기선수권전 결승에서 유키 사토시 7단을 꺾고 대회 2연패(통산 3회).


1992년    2월, 제39회 NHK배 결승에서 왕리청 9단을 꺾고 9기 만에 두 번째 우승.

5~7월, 제47기 본인방전에서 3년 연속 고바야시 고이치 기성의 도전을 받아 3연패 뒤 4연승으로 물리치고 본인방 4연패(통산 6회).

7번기에서 3연패 뒤 4연승이 세 번, 3연승 뒤 4연패도 한 번 있어, 총 네 번의 진기록을 세움.

10월, 제25회 속기선수권전에서 왕리청 9단을 꺾고 3연패(통산

4회).

(이 무렵부터 내제자를 받기 시작함)


**1993년**  5~6월, 제48기 본인방전에서 야마시로 히로시 9단을 4승 1패로
물리치며 본인방 5연패(통산 7회).

→ 실력제 본인방 시대* 이후, 다카가와 가쿠, 사카다 에이오, 이
시다 요시오에 이어 4번째 명예본인방이 됨.

4~6월, 제4회 동양증권배 결승 5번기에서 이창호 6단에게 3연
패로 패하며 준우승.

9월, 제3기 용성전 결승에서 류시훈 5단을 꺾고 2기 만에 두 번
째 우승.


**1994년**  1~3월, 제18기 기성전에서 고바야시 고이치 기성에게 도전하여
4승 2패로 꺾고 9기 만에 기성 탈환(통산 4회).

5~7월, 제49기 본인방전에서 가타오카 사토시 9단을 4승 3패로
물리치며 본인방 6연패(통산 8회).

10~12월, 제42기 왕좌전에서 가토 마사오 왕좌에게 도전해 3승
2패로 승리, 18기 만의 왕좌 탈환.

5번째 슈사이상, 기도상 '최우수기사상' 동시 수상.


**1995년**  5~6월, 제50기 본인방전에서 가토 마사오 9단을 4승 1패로 꺾

---

* 본인방 가문 시대에서 마이니치신문사로 '본인방' 명칭을 넘겨주며 타이틀전으로 개편한
이후를 의미.

고 본인방 7연패(통산 9회).

**1996년**　1~3월, 제20기 기성전에서 전년도에 타이틀을 빼앗겼던 고바야시 사토루 기성을 4승 3패로 꺾고 기성 탈환(통산 5회).

3월, 제43회 NHK배 결승에서 고바야시 사토루 9단을 꺾고 4기 만에 3회 우승.

3월, 제2회 JT배 성좌선수권전 결승에서 나카오노다 토모미(中小野田智己) 7단을 꺾고 첫 우승.

5~7월, 제51기 본인방전에서 류시훈 천원을 4승 2패로 물리치고 본인방 8연패(통산 10회).

9월, 제29회 속기선수권 결승에서 요다 노리모토 십단을 꺾고 4기 만에 5회 우승.

9~11월, 제21기 명인전에서 다케미야 마사키 명인에게 도전해 4승 2패로 승리. 12기 만의 명인 탈환(통산 6번째). 두 번째 '대삼관' 달성. 6번째 슈사이상, 기도상 '최우수기사상' 동시 수상. 지바시 시민영예상 수상.

**1997년**　1~2월, 제21기 기성전에서 3년 연속으로 고바야시 사토루 9단과 맞붙어 4승 1패로 승리, 기성 방어(통산 6회).

5~6월, 제52기 본인방전에서 가토 마사오 십단을 4연승으로 물리치고 본인방 9연패(통산 11회).

다카가와 가쿠 9단의 본인방 9연패 기록과 동률.

9~11월, 제22기 명인전에서 고바야시 고이치 세계선수권자를 4승 2패로 꺾고 명인 방어(통산 7회).

→ 대삼관 일순* 달성.

3년 연속이자 통산 7번째 슈사이상, 기도상 '최우수 기사상' 동시 수상.


**1998년**  1~3월, 제22기 기성전에서 요다 노리모토 기성을 4승 2패로 꺾고 기성 3연패(통산 7회).

5~7월, 제53기 본인방전에서 왕리청 9단을 4승 2패로 이기고 본인방 10연패(통산 12회).

→ 타이틀전 연패 신기록 수립. 25세(卋) 본인방이 되어 '25세 본인방 치훈(治勳)'이라는 공식 칭호를 갖게 됨.

9~11월, 제23기 명인전에서 왕리청 9단에게 4승 1무 2패로 물리치고 명인 3연패(통산 8회).

→ 대삼관 이순(二巡) 달성.

3년 연속이자 통산 8번째 슈사이상, 기도상 '최우수기사상' 동시 수상.


**1999년**  1~3월. 제23기 기성전에서 고바야시 고이치 천원을 4승 2패로 꺾고 기성 4연패(통산 8회).

5~7월, 제54기 본인방전에서 조선진 9단에게 2승 4패로 패해 본인방 상실.

9~10월, 제24기 명인전에서 요다 노리모토 9단을 4승 1패로 꺾고 명인 4연패(통산 9회).

---

* 一巡. 대삼관에서 기성·본인방·명인을 모두 다 한 차례씩 방어하는 것.

4년 연속이자 통산 9번째 슈사이상, 기도상 '최우수기사상' 동시
수상.

**2000년**  1~3월, 제24기 기성전에서 왕리청 왕좌에게 2승 4패로 패하며
기성 상실.

3월, 제19기 NEC컵 결승에서 가토 마사오 9단을 꺾고 15기 만
의 3회 우승.

5월, 제15회 중일 슈퍼 3번기에서 샤오웨이강(邵煒剛) 중국 NEC
배 우승자에 2연승.

9~10월, 제25기 명인전에서 요다 노리모토 9단에게 4연패하며
명인 상실.

**2001년**  3월, 제20기 NEC컵 결승에서 가토 마사오 9단을 꺾고 2연패(통
산 4회).

6월, 제16회 중일 슈퍼 3번기에서 뤄시허(羅洗河) 중국 NEC배
우승자에 2연승.

9월, 제34회 속기선수권 결승에서 고바야시 고이치 기성(碁聖)
을 꺾고 5기 만에 6회 우승.

10~11월, 제49기 왕좌전에서 왕리청 왕좌에게 도전해 3연승으
로 승리, 7기 만에 왕위 탈환(통산 3회).

**2002년**  8월, 제35회 속기선수권 결승에서 이시다 요시오 9단을 꺾고 2
연패(통산 7회).

10월, 제9기 아함동산배 결승에서 장쉬 7단을 꺾고 첫 우승.

→ 총 타이틀 획득 수가 65개가 되어 사카다 에이오 23세(世) 본
인방을 제치고 역대 최다 기록 달성.
12월, 제4회 아함동산배 중일 결전에서 위빈(俞斌) 중국 아함동
산배 우승자를 꺾고 승리.

**2003년**  12월, 제8회 삼성화재배 세계오픈전 결승 3번기에서 박영훈 4단
을 2승 1패로 제압하고 첫 우승.
기도상 '국제상' 첫 수상.

**2004년**  8월, 제2회 JAL 슈퍼속기 결승에서 미무라 도모야스(三村智保) 9
단을 꺾고 우승 기도상 '특별상' 첫 수상.
(이 무렵 노래방에 푹 빠짐)

**2005년**  3~4월, 제43기 십단전에서 왕리청 십단에게 도전해 3승 2패로
승리, 16기 만의 십단 탈환(통산 4회).

**2006년**  3~4월, 제44기 십단전에서 야마시타 게이고 기성을 3승 1패로
물리치고 십단 방어(통산 5회).

**2007년**  2월, 제54회 NHK배 토너먼트전 결승에서 유키 사토시 9단을 꺾
고 11기 만에 4회 우승. 이 승리로 타이틀 획득 수 70개에 도달.
3~4월, 제45기 십단전에서 야마시타 게이고 기성을 3승 2패로
제압하고 십단 3연패(통산 6회).
기도상 '우수기사상' 첫 수상.

2008년  1~3월, 제32기 기성전에서 야마시타 게이고 기성에게 도전해 3
승 4패로 패하여 타이틀 획득 실패.
3~4월, 제46기 십단전에서 다카오 신지 본인방에게 3연패로 패
해 십단 상실하며 무관 상태가 됨.

2010년  12월, 입단 이후 공식전 통산 1364승을 달성하며, 린하이펑 명
예천원을 제치고 역대 최다 승리 기록 경신.

2011년  7월, 제1회 마스터스컵 결승에서 고바야시 고이치 9단을 꺾고
우승.

2012년  9월, 사상 최초 통산 1400승 달성.
《주간고(週刊碁)》에 〈고민천국〉 연재 시작.

2014년  7월, 4회 마스터스컵 결승에서 고바야시 사토루 9단을 꺾고 3기
만에 2회 우승.

2015년  7월, 제5회 마스터스컵 결승에서 다케미야 마사키 9단을 꺾고 2
연패(통산 3회).
(8월 7일, 아내 교코 씨 췌장암으로 별세)

2016년  11월, 바둑 AI 딥젠고와의 3번기에서 2승 1패로 승리.
만 60세가 되어 '명예명인' 칭호 사용 자격 획득.

**2017년**　4월, 사상 최초 통산 1500승 달성.

한국기원 총재배 시니어 바둑리그에서 MVP 수상.


**2019년**　7월, 제9회 마스터스컵 결승에서 고마쓰 히데키(小松英樹) 9단을

꺾고 4기 만에 4회 우승.

→ 자수포장* 을 수훈.


《일본의 입단 제도와 최연소 입단 기록》

일본의 입단 제도는 정기사 채용 시험과 특별 채용 시험으로 나뉘며, 특별 채용 시험에는 여류 특별 채용 시험, 여류 특별 추천, 영재 특별 채용, 외국인 특별 채용 등이 있다. 정기사 채용 시험은 우리나라의 입단 대회와 유사하며, 준예선-예선-최종예선을 거쳐 상위 입상자가 입단하는 방식이다. (출처: 일본기원 기사 채용 규정)

일본 최연소 입단 기록은 9세 4개월에 입단한 후지타 레오(藤田怜央) 초단이 보유하고 있으며, 프로기사와의 테스트 대국을 거치는 '영재 특별 채용'을 통해 입단했다. 정기사 채용 시험에 의한 입단으로는 조치훈 9단의 기록(11세 9개월)이 여전히 최연소다. (옮긴이)

---

* 紫綬褒章, 일본 정부가 과학, 기술, 예술, 스포츠 등 분야에서 뛰어난 업적을 이룬 개인에게 수여하는 국가 명예 메달.

18세, 사카타 에이오 일본기원 선수권자에게 도전했을 때의 조치훈.

26세, 후지사와 슈코 기성을 꺾고 대삼관을 달성했을 때의 조치훈.

# 글을 맺으며

다시 태어난다면, 또다시 바둑 기사가 되겠습니까?

가끔 그런 질문을 받습니다. 그럴 때 나는 가슴을 펴고 이렇게 대답합니다.

"절대 그렇게는 생각하지 않습니다."

왜냐하면 내 인생은 내가 스스로 선택한 것이 아니라는 생각이 강하기 때문입니다. 철들기도 전에 정신을 차리고 보니 어느새 일본에 와 있었고, '열 살까지 프로 입단'을 목표로 하고 있었습니다. 프로기사가 되고 나서는 '명인이 되지 않으면 고향에 돌아갈 수 없다'고 생각하게 되었고, 명인이 되고 나서는 '일본에는 여전히 강한 기사들이 많다'고 느끼게 되었습니다. 대삼관을 달성했을 때는 '이제는 일본 대표로 세계대회에 나서야 한다'고 생각했습니다.

그렇게 끝없이 이어지는 과제에 매달리다 보니 어느새 50년이 훌쩍 지나가 버렸습니다. 정작 내가 스스로 선택한 것은 아무것도 없습니다. 아니, 그렇다고 해서 "기사가 되고 싶지 않았다"는 말은 아닙니다. 세상을 제대로 보고, 여러 가지를 경험한 뒤에 '나에게는 이 길밖에 없다'고 확신하고 기사를 목표로 했다면, 그때는 비로소 스스로 납득할 수 있었을 것입니다.

물론 이 세계도 절대 호락호락하지 않습니다. 10대 중반이 되어서야 공부를 시작했다면, 타이틀은 평생 한 번 딸까 말까 하겠지요. 하지만 그 한 번의 타이틀은, 내가 지금까지 따낸 75개의 타이틀과 같은 무게를 지니고 있다고 생각합니다.

'다시 태어난다면, 내 길은 내가 스스로 정하고 싶다.'
무슨 복에 겨운 소리냐고 할지도 모르겠습니다. 하지만 이것이 지금 내가 느끼는 가장 솔직한 심정입니다.

2022년 10월 조치훈

옮긴이  **이수정**
———————

명지대학교 바둑학 학사, 일본 오비린대학교 노년학 석사, 명지대학교 바둑학 박사
명지대 겸임조교수를 지내고 현재는 바둑도서 집필 및 번역가로 활동중이다.
집필한 책으로 《바둑지도사 실무》, 《현대바둑이론》, 한국바둑고등학교 교과서 및 《파워 실
전 바둑》 전 시리즈, 번역한 책으로는 《프로에게 배우는 실전맥점바둑》 전 시리즈, 감수로
는 《도쿄대 바둑강의》 등이 있다.

# 조치훈 바둑과 살다

펴낸날 | 2026년 1월 31일 초판 1쇄

지은이 | 조치훈
대담 및 인터뷰 진행 | 다나카 사토시
옮긴이 | 이수정
편   집 | 차명종
펴낸이 | 정홍제
펴낸곳 | 점과선

출판등록 | 제2020-000227호
주     소 | 경기도 파주시 문발로 115, 304호
전자우편 | publish@dotnline.com
ISBN | 979-11-997184-0-1 (03690)
값 16,800원